MEMÓRIAS DE UM TEMPO OBSCURO

Proibida a reprodução total ou parcial em qualquer mídia
sem a autorização escrita da editora.
Os infratores estão sujeitos às penas da lei.

A Editora não é responsável pelo conteúdo deste livro.
O Autor conhece os fatos narrados, pelos quais é responsável,
assim como se responsabiliza pelos juízos emitidos.

Consulte nosso catálogo completo e últimos lançamentos em **www.editoracontexto.com.br**.

RICARDO VIVEIROS

MEMÓRIAS DE UM TEMPO OBSCURO

Aos meus amigos e parceiros da Contexto, com imensa gratidão, estas reflexões em busca de tempos felizes. Abraços do parceiro,

27/ABR/2023

Dedico este livro a todos os jornalistas, em respeito à luta diária pela informação e prestação de serviços.

Um agradecimento especial aos colegas Cesar Camasão e Fausto Macedo.

À Marcia, minha colega e companheira, aos filhos Ricardo Filho (in memoriam), Felipe e Miguel, aos netos Juliana, Lucas e Mariana (in memoriam), com a certeza de que sempre souberam entender/desculpar minhas eventuais ausências na entrega ao trabalho que também amo.

Copyright © 2023 do Autor

Todos os direitos desta edição reservados à
Editora Contexto (Editora Pinsky Ltda.)

Foto de capa
Eduardo Muylaert

Montagem de capa e diagramação
Gustavo S. Vilas Boas

Preparação de textos
Vero Verbo – Serviços Editoriais

Dados Internacionais de Catalogação na Publicação (CIP)

Viveiros, Ricardo
Memórias de um tempo obscuro / Ricardo Viveiros. –
São Paulo : Contexto, 2023.
208 p.

ISBN 978-65-5541-264-2

1. Brasil – Política e governo 2. Fake news I. Título

23-1408	CDD 320.9

Angélica Ilacqua – Bibliotecária – CRB-8/7057

Índice para catálogo sistemático:
1. Brasil – Política e governo

2023

Editora Contexto
Diretor editorial: *Jaime Pinsky*

Rua Dr. José Elias, 520 – Alto da Lapa
05083-030 – São Paulo – SP
PABX: (11) 3832 5838
contato@editoracontexto.com.br
www.editoracontexto.com.br

Sumário

Prefácio 11
Introdução 13

Abaixo a hipocrisia! 15
As gravatas do rabino 17
Mais educação e menos mortes no trânsito 20
Carta aberta ao casal Alckmin 21
Shakespeare, INSS e amor 23
Esperança já! 24
Corrupção *versus* Brasil 26
Memória pequena, problema grande 28
Trabalho escravo 30
15 anos sem Brizola 33
Cultura do ódio 35
Compliance 36
Recessão democrática 38
Vida severina 41
Corrupção, poesia e justiça 44
Direitos indígenas 45
Bolsonaro, Neymar e Clodovil 49
Pandemia *versus* pandemônio 51
Quando a pandemia passar 53
Testamento do futuro 55
Frágil democracia 57
O desafio de educar 59
Entre o céu e a terra 61
Transbordamento 64

Amém ou amem-se? 66

Como queimar livros com tributos 69

O rato roeu a roupa do rei de Roma 73

O bêbado, o padre e a artrite do Papa 75

Por você, por nós, pelo Brasil 77

Farinha pouca, meu pirão primeiro. 79

Vacina ou remédio 81

Contra teimosia não há vacina 83

Renda mínima, ideia máxima? 85

Entre perder e ganhar 86

Aceitar é preciso, negar não é preciso 88

Argentina dança tango reverso 90

Fuga de cérebros. 92

Tributos *versus* direitos 94

Entre a ignorância e o saber 96

O polvo e o povo 98

Democracia em risco 101

O valor da morte 103

Rio de Janeiro. 105

O tom do respeito 107

De Pindorama a Brasil 110

Tempo de metamorfose 113

Mercosul: 30 anos 115

Genocida ou incompetente. 117

O silêncio do conivente 119

Bücherverbrennung 121

O Tio Sam não é mais aquele 123

Pinóquio: ficção ou realidade? 125

Entre o amor e o ódio. 127

Um grito parado no ar 128

A repentina popularidade do Butantan. 131

Reforma tributária exige reforma ética 134

Voto impresso *versus* voto eletrônico. 137

Crimes de lesa-esperança 142

No espelho do tempo, o rosto de Nero 145

Canhotos, esses esquerdistas. 146

O livre pensar garante o livre existir 148

Respeito à História. 150

7 de Setembro 153

The day after 155

O guerreiro da liberdade. 158

Raiva além da hidrofobia 160

Cobaias humanas 162

A luta corporal 163

Quem ensina liberta. 165

Burocracia é coisa séria 167

Voto feminino 170

Consciência negra. 173

A Alemanha não é aqui. 175

"Auxílio votos" 178

Pesada herança 180

No carnaval da esperança 182

Difícil equação 184

Pablo Neruda 186

O direito de viver 187

Ferramenta ou arma? 189

Entre indignos e indignados. 191

Maurício de Nassau 192

Para não acontecer de novo. 195

Parmênides e as *fake news*. 198

Paz, árvore e pessoas com deficiência 200

A seita que não aceita. 202

O autor 205

Prefácio

José de Souza Martins

Neste livro, Ricardo Viveiros reúne artigos que publicou entre 2018 e 2022, análises jornalísticas do que define como bizarrices, as de um dos períodos mais adversos de nossa história contemporânea. Bizarrices por meio das quais o país se expressou anomalamente no extenso conjunto de absurdos deliberados em atos irresponsáveis de governo, mas também naquilo que somos e não estranhamos.

A variedade dos temas é bem indicativa de como e quanto perdemos o rumo, o sentido da busca coletiva, como povo e nação, o quanto, finalmente, conseguimos ter um governo que desgoverna e um governante que acha que governar é isso mesmo: destruir as instituições, impor a elas o seu poder pessoal, o condomínio do mando de família, de cúmplices, de bajuladores, de comensais.

Viveiros cumpre a função crítica própria desse tipo de literatura, que é a de estranhar. Somos um povo que não estranha o que é anômalo e bizarro, não estranha ser feito de bobo, ser usado, ser enganado, ser menosprezado. Reúne uma extensa coleção de estranhamentos para que, por meio deles, nos estranhemos e, também, estranhemos esse cotidiano sufocante, cansativo, desanimador que nos esteriliza a consciência, a capacidade de perceber os absurdos disfarçados nas dobras da irresponsabilidade política e da alienação social.

O texto flui como uma conversa casual, bem brasileira, do tipo tão nosso que é o de falar do tempo ou falar das coisas que nos parecem irrelevantes. É a fala de trem, de metrô, de ônibus. Nunca nos perguntamos, porém, por que são irrelevantes, se carecemos de sobre elas falar, alinhavar palavras para que o irrelevante tenha sentido.

Viveiros desabafa, expõe seu desconforto com o estapafúrdio, o ilógico, o descabido, o que não chega a lugar nenhum. Traduz em palavras certas e em sequência correta o desdizer que diz e revela episódios da nossa perdição, dos nossos silêncios.

É seu empenho o de agarrar a realidade fugidia, cinzenta e triste. Sem convidar, puxa seu leitor para o pé-do-fogo do inconformismo necessário, para refletir com ele, para temer com ele, para despertar com ele.

Coisa do inconformista que ele é, o inconformismo como missão e como chamamento. Esperança de quem sabe que cada dia e todos os dias começam com a luz da aurora para que o discernimento possa vencer a escuridão.

José de Souza Martins é graduado em Ciências Sociais pela Universidade de São Paulo (1964), Mestre (1966) e Doutor (1970) em Sociologia, também pela USP, onde obteve Livre-Docência (1992) e é Professor Emérito (2008). Autor de dezenas de livros – entre os quais *A sociabilidade do homem simples, Sociologia da fotografia e da imagem, Fronteira, O cativeiro da terra, A política do Brasil lúmpen e místico, A Sociologia como aventura, Lichamentos, Do PT das lutas sociais ao PT do poder* e *Uma Sociologia da vida cotidiana*, pela Contexto –, conquistou por três vezes o Prêmio Jabuti. Ocupou a Cátedra Simón Bolívar, da Universidade de Cambridge (Inglaterra).

Introdução

O Brasil nunca foi um país fácil de entender e explicar, em especial, nos campos da política, da economia e do comportamento social. O que se viu e viveu de 2018 a 2022 foi ainda mais inusitado. Um período que, por diferentes razões, pode-se denominar "bizarro".

Em episódios recentes, entre outras indagações mais simples, foi difícil esclarecer aos colegas da imprensa internacional o que significam expressões como "mimimi", "tchutchuca" e, o mais constrangedor, "imbrochável". Até porque pronunciadas em um País que não pode ser engraçado quando há quase 700 mil mortos pela covid-19, mais de 30 milhões de pessoas abaixo da linha da pobreza, forte desemprego, violência urbana e rural (incluindo preconceitos e discriminações contra negros, mulheres, indígenas, LGBTQIA+), baixa cobertura e qualidade no ensino, muitos ataques à natureza, elevada carga tributária, altos índices de corrupção.

Este livro reúne artigos escritos e publicados originalmente, com exclusividade, nos jornais *Folha de S.Paulo* e *Estadão*. Depois, em outros veículos da mídia impressa e digital por todos os estados brasileiros. Alguns desses artigos mereceram traduções e foram também publicados em veículos de outros países, por exemplo, "Frágil democracia", que saiu na Argentina, na Colômbia, nos Estados Unidos, em Portugal, na Áustria, na Itália, na Rússia, no Paquistão e na China.

Acompanho de perto os últimos 50 anos do Brasil. Observo que, por problemas históricos, de modo específico na Cultura e na Educação, de maneira cíclica a sociedade busca, em cada nova eleição, um "salvador da Pátria". A rigor, o processo político é repetitivo nos erros e pouco inovador nas propostas. São raras as efetivas e confiáveis jovens lideranças que surgem com foco apenas nos reais interesses da sociedade, defendendo medidas viáveis de Estado, e não de governo, a longo prazo e com segurança jurídica.

O Brasil sobrevive na coragem e resiliência de um povo único, que mescla dor e alegria como algo natural – gente movida por inabalável fé e esperança. Nos últimos anos, a população do País se dividiu entre os "contra" e os "a favor", desta vez de maneira perigosa e preocupante. Tomaram força temas relevantes que, sob radical confronto e não salutar debate, permitiram surgir e crescer uma "Cultura do ódio", título de outro dos artigos. A moderna tecnologia da comunicação tornou-se arma poderosa nesse embate, dando espaço às *fake news*, que comprometem a verdade.

Os artigos aqui reunidos registram acontecimentos e propõem reflexões e mudanças. Alertam sobre o surgimento de riscos que vão muito além do populismo nacionalista, que se apropriou das cores de nossa bandeira e caracteriza um tipo de democracia não participativa, muito menos representativa. É autocrática, embora eleita pelo voto livre, direto e secreto. Essa estranha democracia ignora que a imprensa existe para governados, não para governantes. E que liberdade de expressão implica responsabilidade de expressão.

Temos um grande País, que é nosso – de todos os que nele vivem e trabalham. Precisamos, pela consciência de nossos problemas, com responsabilidade cidadã, corrigir cada um deles e avançar. Com paz, liberdade e respeito às pessoas e às leis – a começar da Constituição. Como as crenças religiosas, as opções ideológicas também são livres. Cada brasileiro pode acreditar no que bem entender, desde que saiba diferenciar fatos das opiniões sobre eles.

Este livro resgata acontecimentos, alerta sobre perigos e busca contribuir para que alguns erros não aconteçam de novo.

Ricardo Viveiros

ABAIXO
A HIPOCRISIA!

Quando eu era adolescente, e os filmes de faroeste ainda alcançavam muito sucesso entre os jovens, muitas vezes – embora sem coragem para demonstrar abertamente –, eu torcia pelo bandido contra o mocinho. E, hoje, ao relembrar, pergunto-me a razão dessa canhestra preferência. Até, porque, não enveredei pela carreira do crime... Sou um trabalhador comprometido com a ética, embora no país onde, lamentavelmente, os criminosos ainda levam alguma vantagem sobre os que são honestos.

E não tenho dúvida em afirmar que, assim como na telenovela *Belíssima*, da TV Globo, os "mocinhos", supostos heróis, eram todos quase sempre muito débeis, inexpressivos e chatos. Enquanto os "bandidos", por exemplo, a "Bia Falcão", eram personagens interessantes, charmosos, de muita inteligência e determinação. E, assim, também à luz da triste e cruel realidade brasileira, deram certo no final da trama. E o público de todo o País, segundo pesquisas de opinião, também vibrou pela sorte dos maus em mais esse folhetim televisivo, da mesma forma que torcíamos, quando éramos meninos, pelos "bandidos" das películas de *cowboy* norte-americanas e italianas.

Outra telenovela, *Páginas da vida*, da mesma emissora, foi criticada por mostrar cenas de sexo, preconceito, falsidade, mentira, infidelidade, violência. Então, eu me pergunto se não somos hipócritas ao tapar os olhos com a peneira, negando verdades incontestáveis apenas em nome de uma moral e de bons costumes que, lá no fundo, não praticamos no cotidiano. E cujo bom exemplo não tem vindo de cima, dos governantes e, na prática, nem mesmo a sociedade tem dado às famílias brasileiras.

Não seria tão imoral, abusivo, vergonhoso e péssimo exemplo aos jovens o que a mídia, impressa e eletrônica, no cumprimento corajoso de seu papel, mostra todos os dias no Brasil? Fatos concretos como os políticos do "Mensalão", da cueca cheia de dólares, das malas de dinheiro, de "sanguessugas", de filhos que matam pais, de maridos que batem em esposas, dos irresponsáveis no trânsito e outras cenas piores, mais violentas do que a realidade das revelações íntimas que permeiam a alma humana?

Esses são temas que, acima de tudo, precisam ser conhecidos, tratados adequadamente por nós, pais, diante de nossos filhos. Ou vamos preferir que nossos jovens, por estarem despreparados, descubram essas realidades nas ruas, com os traficantes, os estelionatários, os agentes do sexo, os aproveitadores, os desonestos da realidade nua e crua da vida?

Não. É melhor que a telenovela de Manoel Carlos, autor que, além de capaz, é um homem corajoso, leve-nos a tratar no âmbito da família, com sinceridade e conteúdo, o que a vida – sem hipocrisia – pode trazer nas diferentes almas humanas e o que, caso a caso, podemos enfrentar em nossas próprias páginas ao longo da existência. Eu quero ter a oportunidade de sentir, entender e comentar com meus filhos cada chance, boa ou ruim, que eles poderão enfrentar em suas trajetórias. Quero que eles não sejam inocentes despreparados, quando encontrarem – porque é quase inevitável – um mau caráter pela frente.

"Páginas da Vida" é, depois de várias décadas de telenovelas no Brasil, uma feliz demonstração de que se pode tratar – com inteligência, firmeza e maturidade – os mais variados temas que, no passado, por serem tabus, deixaram com que pais e filhos não tivessem um diálogo adequado, oportuno e de resultados positivos. Muitas gerações foram descobrir já tarde valores que deveriam ter conhecido em tempo de fazer sua vida melhor.

A ideia de, ao final de cada capítulo, colocar uma pessoa comum, real, para dar um depoimento sobre algum momento particular é inteligente.

Traz à ficção o elo com a realidade. Porque, é claro, a arte imita a vida. E, assim, podemos ver como, na prática, nossos semelhantes enfrentaram e venceram, ou não, seus desafios diante de questões tratadas pela novela. Há lições de grande importância como o perigo do exagero nos cuidados com a alimentação, o desrespeito aos deficientes, os complexos limites dos níveis sociais, os direitos das pessoas à felicidade.

Os pais que escondem ou dissimulam a verdade, por entenderem que ainda não é o momento oportuno de falar sobre ela com os filhos ou que é a escola que tem a obrigação de ensinar tudo, estão perdendo a grande chance de estreitar laços de amor, amizade e confiança com seus filhos. A telenovela brasileira, embora de importância cultural ainda discutível, pode ser, pelo menos, um bom motivo para que se abram assuntos polêmicos no saudável debate em família. Quem foge dessa oportunidade, apenas criticando por criticar, está sendo omisso, hipócrita e pode estar perdendo uma boa chance de construir conceitos importantes para o futuro de seus entes mais queridos.

AS GRAVATAS DO RABINO

Quando eu era ainda muito jovem – no exílio político em Oxford, Inglaterra –, lendo pela primeira vez o novelista russo Leon Tolstói, memorizei uma explicação dada por ele sobre o que significa ser judeu:

> *[...] aquele ser sagrado que trouxe dos céus o fogo eterno com o qual tem iluminado o mundo inteiro. Ele é a nascente, o manancial, a fonte da qual todos os outros povos sorveram suas crenças e suas religiões.*

Dessa época em diante, passei a observar melhor os judeus. Sua maneira de ser, pensar a vida, agir, propor soluções que garantam a paz para todos. Um compromisso com as raízes, fé inabalável, respeito absoluto à educação e à cultura. O desejo de empreender e garantir digna sobrevivência para sempre. Solidariedade com seus irmãos. Esse conjunto de valores está sempre nos mandamentos do bom judeu.

Mais tarde, de volta ao Brasil, conheci o rabino Henry Sobel. Um ser humano simpático à primeira vista, alto, magro, cabelos longos, brilhantes olhos azuis, sorriso largo, calmo e com um sotaque inconfundível de quem, embora vivesse aqui havia muitos anos, insistia em manter um vínculo com a sua origem – um belga que fala inglês norte-americano.

Mesmo ocupando posição de destaque no rabinato da Congregação Israelita Paulista, a poderosa CIP, Sobel não se omitiu e, corajosamente, uniu-se ao cardeal católico Dom Paulo Evaristo Arns na defesa dos presos políticos. Soube, embora frequentando o mesmo ambiente de alguns empresários simpatizantes da direita, exigir respeito e direitos humanos para aqueles que combateram o golpe militar, que, em 1964, instaurou uma sangrenta ditadura no Brasil. Sobel defendeu a liberdade de imprensa, jornalistas e veículos injustamente perseguidos.

E foi muito além da participação política responsável. O rabino Sobel, durante várias décadas, disse "presente" – de corpo e alma – às ações humanitárias em busca de justiça social para velhos, crianças, deficientes físicos e mentais, negros, mulheres e outras minorias ainda vergonhosamente discriminadas neste País. E sem medo, com sua voz pausada e firme, enfrentou toda e qualquer tentativa de desrespeito à liberdade.

Cada uma das vezes em que presenciei, e foram muitas, o rabino Sobel lutando por oprimidos, necessitados e sofredores, eu me lembrava das palavras de Tolstói sobre o que significa ser judeu. E via naquele doce guerreiro algo como se o povo judeu fosse uma Torá viva, e ele, uma letra dourada do livro sagrado.

No enterro de um amigo em comum, lá estava Sobel. Na hora da saída do féretro, ele disse algumas palavras. Lembro-me como se fosse hoje, arrastando os erres como de hábito, o rabino perguntou aos presentes a razão de acenderem velas para os mortos. E ele respondeu: "É para iluminar o caminho do morto ao encontro de Deus".

Contudo, no contexto cruel da violenta e fria vida das grandes cidades, o rabino Sobel – quem sabe, cada vez mais preocupado com os que sofrem –, perdeu o sono. E, como qualquer um de nós, apesar de sua leveza interior, começou a sentir-se mal, a não ter ânimo para trabalhar e seguir ajudando aos semelhantes, levando esperança e fé aos seus irmãos – porque, para o judaísmo, somos todos irmãos, filhos de um mesmo Pai.

E, seguindo a sabedoria popular que diz: "De médico e de louco todo mundo tem um pouco", o mortal rabino Sobel resolveu tomar comprimidos para dormir. Passou a usar algum desses que as pessoas receitam entre si, nas horas de um bate-papo informal. Alguma boa senhora judia, depois de um chá, ao ter percebido o semblante abatido do rabino, deve ter lhe receitado o que o médico, segundo ela "muito bom", prescreveu para o marido.

Os comprimidos tiveram o efeito previsto: Sobel venceu a "insônia severa". Entretanto – o que ele não esperava –, vieram os efeitos colaterais: "confusão mental e amnésia", sintomas típicos de quem toma hipnóticos diazepínicos na dose errada. Tanto que o bom rabino Sobel dormiu mesmo acordado. E deu oportunidade a outro ser, que, independentemente de seus bons costumes, sabe-se lá por quais razões, furtou quatro gravatas numa elegante avenida de Palm Beach, na Flórida, Estados Unidos.

O rabino Sobel foi internado – comprovadamente doente, segundo boletim médico do respeitado Hospital Albert Einstein –, para tratamento de saúde. Antes, porém, numa demonstração de humildade e respeito, licenciou-se do cargo que ocupava no rabinato da CIP e, após a primeira medicação correta, seguida ao lamentável episódio que viveu, mais uma vez sem medo, concedeu entrevista coletiva à imprensa e, com muita dignidade, pediu desculpas pelo ocorrido.

O rabino Sobel sempre foi um homem de bem. Mais do que isso, um cidadão solidário e comprometido com nobres causas que transcendem supostas obrigações religiosas e raciais. Quem se achar acima do bem e do mal que lhe atire a primeira pedra.

MAIS EDUCAÇÃO E MENOS MORTES NO TRÂNSITO

Antes ocorria apenas após os "feriadões", mas agora é a mesma coisa em qualquer época: as estatísticas fortalecem o noticiário da mídia que informa graves acidentes de trânsito, e muitos com motoristas alcoolizados. A falta de educação, reforçada pela imprudência e sensação de impunidade, rouba muitas vidas e deixa um rastro de sangue nas estradas, cicatrizes nos corações e mentes dos que sobrevivem à perda de parentes e amigos.

Essa dura realidade continua cada vez pior. Dados oficiais divulgados regularmente indicam que as mortes de jovens em acidentes de trânsito, nos últimos 10 anos, cresceram mais de 30%. O progressivo agravamento da violência no tráfego das vias públicas levou a Organização das Nações Unidas (ONU) a proclamar 2011/2020 a Década de Ação pela Segurança no Trânsito.

Há 17 anos perdi um filho e uma neta em desastre de carro na cidade de São Paulo. Ele com 26 anos, e ela com 7 meses. Ricardo, ilustrador e cartunista, era casado e tinha três filhos. Mariana, que morreu com ele, era a caçula.

Naquela madrugada de 1996, um lacônico telefonema anunciou: morreu Ricardo Filho, morreu Mariana. O irresponsável que avançou o semáforo vermelho e os matou fugiu, desapareceu. Enterrei filho e neta juntos, um ato contra a lei da natureza. Longos 15 anos depois, após uma luta sem trégua marcada apenas pela busca de justiça, jamais de vingança ou reparação financeira, o criminoso foi encontrado e julgado. Respondeu em liberdade à condenação de apenas um ano e nove meses.

Jamais aceitei a condição de vítima. Sofri tudo o que era possível, cheguei ao fundo do poço e voltei, sobrevivente, para seguir meu destino. Contudo, cabe mudar a realidade que vivemos neste país: o investimento em educação precisa ser, no mínimo, 10% do PIB, as leis de trânsito precisam ser mais rigorosas, as penas maiores e realmente cumpridas.

Em 2013, o número oficial de mortos no Brasil, vítimas de acidentes de trânsito, é de 35 mil por ano; porém, sabe-se que são contabilizados apenas aqueles que morrem no local do acidente. Muitos acreditam que esse número passe dos 50 mil mortos anuais. A irresponsabilidade dos motoristas não deve/pode ser tratada pela lei como simples acidente, quando na verdade é crime.

Muitos me perguntam o porquê de relembrar a tragédia que vitimou a nossa família. A resposta é simples: para não acontecer de novo com outras pessoas. Cabe à sociedade, em sua legítima defesa, lutar por mais educação e pelo cumprimento de procedimentos que garantam os meios de provar a culpa dos motoristas alcoolizados, dos que dirigem de maneira insana. Também é preciso que as penas sejam mais rigorosas e de fato cumpridas. Por você, por nós, pelo futuro do Brasil.

CARTA ABERTA
AO CASAL ALCKMIN

No primeiro instante da notícia, o coração sente que há algo grave acontecendo, mas, por outro lado, a mente insiste em afirmar que não será o pior. Depois, vem a confirmação da morte. E com ela a pergunta: "Por que com o nosso filho?". E não há resposta. Apenas um grande silêncio tumultuado pelo som de pêsames, confortos e palpites que não resolvem absolutamente nada.

Aparecem pessoas de todos os tipos, de tempos passados, próximas e desconhecidas, até desafetos para dizer algo bem-intencionado, mas, no momento, impossível de sê-lo. Querem que aceitem o inaceitável, que não fiquem tristes, que não desistam, sigam em frente. Dizem: "Vocês são fortes e vão superar". Elas não sabem que vocês não querem ser consolados, não querem ouvir nada. Vocês querem apenas sofrer em paz.

A morte de um filho é a morte da lógica. Porque é contra a natureza, princípio de tudo. Não adianta ser instruído, culto, educado, informado ou, até mesmo, milionário ou poderoso. Na morte de um filho somos, pela única vez, iguais na dor. O nascimento e a morte determinam as maiores verdades da vida. A dualidade que se fará presente por toda a existência começa na alegria e acaba na tristeza.

A única saída para que pais, com ou sem fé, adaptem-se à perda de um filho – porque aceitar não existe – é deixar-se invadir pelo mais intenso e profundo sentimento de dor. Sofram, mas sofram tudo o que podem sofrer. Vão ao fundo do poço. Depois, passado algum tempo (que é diferente para cada pessoa), retornarão à superfície em busca de luz.

Olhem para o passado com ternura e para o futuro com esperança. Procurem amar a si mesmos e ao próximo cada dia mais um pouco. Lembrem-se de que há outras pessoas que merecem o seu amor, e que desejam amá-los. Abram-se para uma dimensão maior na vida, transcendam.

Não fiquem remexendo lembranças, construam novas ações que vão motivá-los a viver. E não se permitam isolar. Os primeiros momentos são seus, vocês precisam mesmo ficar a sós. Depois, no entanto, aceitem a companhia, o carinho de quem mostrar sinceridade em estar perto. Compartilhem, sem mágoa, os seus sentimentos. Falem de quanto são pequenos diante do sofrimento. E cresçam.

Por fim, é normal que vocês queiram ser os culpados pelo que aconteceu ao seu filho. Mas não são. Lutem contra esse sentimento, apaguem a ideia do "se".

Como vocês jamais terão as respostas que procuram, sempre há espaço para reflexões equivocadas, como: "Se eu tivesse feito isso ou aquilo, ele estaria vivo". Não. Foi uma fatalidade, e elas acontecem do mesmo modo que as alegrias que vocês viveram juntos.

Deixo ao casal Alckmin o abraço de um pai que perdeu um filho (26 anos) e uma neta (7 meses) em um acidente de carro no trânsito de São Paulo, mortos por um irresponsável. Não sei o que vocês estão sentindo, mas posso garantir que sinto essa dor. Coragem!

SHAKESPEARE, INSS E AMOR

As crises econômicas brasileiras, por diferentes motivos, sempre foram meio desacreditadas pela população que, em cada uma delas, trabalhou duro, criou oportunidades e continuou vivendo o dia a dia. Embora a atual crise esteja, desta vez, realmente preocupando e fazendo muita gente ficar em casa, fui ao teatro assistir *Rei Lear*, dirigido por Elias Andreato. O espetáculo me perturbou.

Tanto que perdi o sono em responsáveis conjecturas sobre a vida. Seria a crise assombrando além do limite? Ainda não. O que provocou novas reflexões está no direito de viver a vida e, ao perceber que o seu final está chegando, realmente deixar de trabalhar e curtir, ao máximo, o que ainda pode restar de tempo útil.

Para que entendam minha inquietude, a trama da peça gira em torno de suposta sábia decisão de um rei em se aposentar para ser feliz. Pois é, ele acreditou ser possível. E abdicou do trono, passando às três filhas e aos genros tudo o que possuía.

Estabeleceu, no entanto, uma condição. Viveria o resto de seus anos aproveitando os prazeres possíveis com um séquito de 100 homens armados para protegê-lo e residindo parte do tempo, proporcionalmente, na casa de cada uma das filhas. Receberia, assim, sua justa pensão.

De cara, o rei se indispôs com a filha caçula, até então a preferida, que foi sincera ao ouvir a decisão da aposentadoria real. Ele não percebeu o alerta... Revoltado, tirou-a da partilha dividindo o reino em apenas duas partes. Tudo resolvido, dias depois partiu com seu séquito (que incluía um sábio "bobo da corte") para a casa da primeira filha. E aí, como acontece com qualquer um de nós, seus problemas com a previdência começaram...

Mesmo animados pelos programas de motivação criados para a Terceira Idade, essa que alguns ironicamente chamam de "Melhor Idade", todos sabemos que ficar velho não é fácil. Muito mais em um País, como o nosso, que não respeita quase nada. Ainda menos os idosos que causam trabalho e despesa aos que, esquecendo o passado, acham que eles em nada contribuíram para ter um tratamento digno na velhice.

Nas minhas inquietantes constatações geradas pelo texto de Shakespeare, atual aos 410 anos nessa desafiadora tradução e adaptação para monólogo do poeta Geraldo Carneiro, também está a discussão entre Congresso e governo federal quanto à sobrevivência de um já moribundo INSS. Quem, como muitos de nós, pagou durante 30 anos suas contribuições mensais sobre até 20 salários mínimos, agora não recebe sequer cinco deles. E o futuro se desenha ainda pior.

Embora começo de tudo, por fim vem o amor. Um sentimento tão nobre, que nos envolve e motiva. Contudo, a cada dia, é menos praticado do que aparece no falso discurso de algumas famílias e políticos.

Os asilos públicos para a velhice, como as cadeias e penitenciárias, estão superlotados. Os privados se tornaram grandes negócios sob o sarcástico letreiro: "Casa de Repouso". Na verdade, são cemitérios de sonhos, tristes depósitos de frustrações, ansiedades e medos.

Velhos, idosos, tiozinhos, seja lá o nome que lhes derem, assim como pretendeu o rei Lear, bem interpretado por Juca de Oliveira aos 80 anos, não querem um forçado melancólico "repouso". Querem merecer respeito e amor para finalmente, sem tanta responsabilidade com a felicidade dos outros – o que foi a razão de ser de suas longas existências –, ainda alcançar mais algumas alegrias se aposentando do trabalho, não da vida.

ESPERANÇA JÁ!

Hoje, as pessoas já não respeitam nada. Antes, colocávamos em um pedestal a virtude, a honra, a verdade e a lei. A corrupção campeia na vida destes dias. Quando não se obedece outra lei, a corrupção é a única lei. A corrupção está minando este país. A virtude, a honra e a lei se transformaram em fumaça e desapareceram de nossas vidas.

Palavras de Alphonse Gabriel Capone, o Al Capone, contrabandista e vendedor de bebidas durante a "Lei Seca", nos Estados Unidos. Também matou muitas pessoas. Foi preso por sonegação fiscal dias depois da entrevista à revista *Liberty*, publicada em 17 de outubro de 1931.

Neste momento do Brasil, a reflexão do gângster gera questionamentos: O que busca o povo brasileiro quando vai às ruas em plena democracia? Que desejam jovens, adultos e idosos com diferentes mensagens, gritando antigas e novas palavras de ordem como nos tempos da ditadura?

Os brasileiros estão cansados de problemas crônicos: saúde, educação, desemprego, falta de ética na política. A roubalheira ao longo de décadas teve, no "Petrolão", a gota d'água. Transbordou com a crise política, econômica, social e, acima de tudo, moral. Não há mais espaço para discurso vazio, promessa não cumprida, corrupção, desmando e incompetência. Muito menos para delatores ou não, criminosos que cometeram absurdos contra o povo.

Eles roubaram dinheiro que, se investido na saúde, teria salvado muita gente da morte em alguns surreais hospitais públicos de todo o País. Como Al Capone, ao falar de si mesmos, tentam nos enganar outra vez. Posando como "heróis da Pátria", com falso arrependimento prometem devolver o que roubaram e entregar comparsas. Não enganam ninguém. Queremos mudanças para valer, reformas estruturais que garantam inalienáveis direitos. Mais sintomático que o povo nas ruas em legítimo ato de cidadania, é quando as pessoas se revoltam caladas nas casas, fábricas e universidades. A desesperança é muito perigosa.

Nestes tempos em que o povo retorna às ruas para exigir honestidade, lembro-me de um cidadão brasileiro, morto há 13 anos (ironicamente o número do partido que ajudou a criar): Carlito Maia. Publicitário brilhante, jornalista irreverente, responsável agitador e o melhor amigo de qualquer um. Suave e forte. Apaixonado convicto, solidário e bem-humorado, integrou o seleto grupo dos seres em extinção.

Carlito veio ao mundo a passeio, não em viagem de negócios – como dizia de si mesmo. Foi o único sonhador realista que conheci. Transbordando ternura, mas também repleto de coragem, era capaz de derrubar montanhas para que elas não fossem a Maomé, só para o profeta não se acomodar. "Uma vida não é nada. Com coragem, pode ser muito", dizia.

Em tempos bicudos, com tantas revelações de corrupção, imagino a decepção de Carlito. Ele que preconizou ao afirmar: "A esquerda, quando começa a contar dinheiro, vira direita". Ao ver o povo protestando contra os (des)governos nos três níveis, sinto saudade de suas frases, flores e cartões escritos com canetas bicolores, configurando sua comunicação criativa, lúcida e emocionada que faz refletir, querer e transformar.

Meu velho, você estava certo: "Nós não precisamos de muita coisa. Só precisamos uns dos outros". Sem perder a esperança, mantendo a determinação de lutar por nossos direitos, defender verdade e justiça, podemos, com mais educação e cultura, mudar o Brasil pelo voto consciente e responsável.

CORRUPÇÃO *VERSUS* BRASIL

O jogo político não é diferente do futebol. Tem campeonatos municipal, estadual e federal. Congrega times, torcidas organizadas, cartolas e patrocinadores. Há venda de passes de atletas que, mesmo sendo adeptos de um time, jogam pelo outro em troca de vantagens. Muitas vezes, um jogador pode ser suspenso por indisciplina. Há também árbitro, auxiliares e, até mesmo, um tribunal específico para julgar e punir os que cometem faltas graves.

O público pode ser fiel a determinado time, mas há registro de fanáticos por um craque que o acompanham na equipe em que estiver jogando. Lembram-se do Jânio Quadros, do Adhemar de Barros, do Paulo Maluf? E há, também, os que não jogam nada, mas são muito populares com a torcida, tipo o Tiririca.

Duas diferenças, entretanto, são gritantes. A primeira está no tempo da carreira profissional. No futebol, é curta; dura, no máximo, uns 20 anos. Já na política, o "atleta" pode superar os 60 anos de atividades ininterruptas. E, muitas vezes, ainda com uma tremenda "fome de bola" ...

A outra diferença, esta substancial, é que na política os jogadores de cada um dos times são escolhidos pelas torcidas para disputar específicos campeonatos, que duram quatro ou oito anos. Já pensou você eleger um centroavante, um meia, um goleiro? Pode até ser uma opção ideológica, escolher um lateral para a direita ou para a esquerda. Indecisos podem optar por um beque central, sem medo da pecha de estar "em cima do muro".

Nosso país traz, no seu DNA, o gene da exceção. É uma coisa de origem. Desde a sua invasão e para sempre. Nada aqui foi, é ou será normal. Quando pequeno, já escutava as pessoas comentarem que, se o Vaticano ficasse no Brasil, convidariam o Papa para dar pontapé inicial em jogo de futebol. Quem sabe, até naqueles entre casados e solteiros de paróquia na periferia.

A única coisa definitiva no Brasil é que tudo é provisório. Desde as medidas governamentais, passando pelas contribuições tributárias, obras públicas, até, felizmente, os períodos de exercício do poder pelos políticos. Muitos deles, é verdade, tentaram ser eternos: Getúlio Vargas ou os militares do golpe de 1964, por exemplo.

O time do "Mensalão" tinha pinta de campeão. Um típico caso desses bem parecidos com o futebol: elenco, conhecimento e sorte de vencedores. Entretanto, pesavam sobre essa vitória previamente anunciada dirigentes corruptos, decisões questionáveis no "tapetão", patrocínios com origens estranhas, facilitações inesperadas em partidas contra adversários sem esperança etc. e tal.

Aquele campeonato terminou com derrota do time da casa, pois ocorreram apenas algumas punições, mas a "partida" seguiu sem impedimento ou qualquer substituição... Consequência: o resultado foi mais desfavorável ao povo brasileiro que os 7 x 1 para a Alemanha na Copa do Mundo de 2014.

Por outro lado, agora na disputa do "Petrolão", o time do povo está virando o jogo. A torcida, que já havia se manifestado nas ruas no primeiro certame, agora, nas rodadas finais deste outro campeonato, está unida e vibrando diante da possibilidade de vitória do seu time. A pátria de chuteiras ainda acredita nas instituições, nos legítimos craques, nos dirigentes capazes e honestos, nos árbitros éticos. Tomara que o time do povo vença! Afinal, já faz bom tempo que não somos campeões...

MEMÓRIA PEQUENA, PROBLEMA GRANDE

Muito já se fez, se faz e, infelizmente, ainda se fará de maneira no mínimo descuidada em nome da democracia, do livre mercado e dos direitos sociais que, supostamente, protegem o cidadão, o consumidor e o contribuinte.

Criado nos Estados Unidos, no final da década de 2000, o serviço eletrônico na área de transportes privados urbanos (*e-hailing*) permite, com um aplicativo instalado em aparelho telefônico celular, operação semelhante à de usar o tradicional táxi. Uma "carona remunerada", porque os motoristas são proprietários de seus veículos, não são profissionais, assumem os gastos (impostos, combustível, conservação, seguros e reparos) e fazem o horário que lhes interessa. Ou seja, com baixos custos para o informal "empregador". Cinco anos depois da novidade, apenas uma empresa do segmento, a Uber Technologies Inc., era avaliada em mais de 18 bilhões de dólares, tendo investidores do peso da Goldman Sachs, Google e Microsoft. A Uber tornou-se multinacional e estendeu sua ação a diversos países.

O serviço foi criado para oferecer "luxo", limusines e helicópteros para personalidades que buscam algo especial. Em pouco tempo, passou a concorrer com os táxis convencionais. Em países como França, Alemanha, Espanha, Coreia do Sul, Japão, China, Índia e México não foi nada fácil a chegada dos aplicativos de transportes. Na Bélgica, Grécia, Holanda e Suíça, há restrições. Além de muitos protestos, os governos fizeram exigências, cobram impostos e fiscalizam o cumprimento do prometido. Em Nova York (EUA), seu berço, a Uber foi autuada em 8 milhões de dólares. Também recebeu punições em Los Angeles e San Francisco. Na Colômbia, houve multas de até 450 milhões de pesos. Aqui no Brasil, os aplicativos de transportes privados chegaram em 2014, no Rio de Janeiro (RJ). Pouco tempo depois, estavam em todo o País. Com protestos dos taxistas, alguma solidariedade de seus passageiros e a concordância dos municípios, mas sempre em nome do livre mercado e interesse da sociedade.

Porque os carros eram melhores, novos, limpos e confortáveis, os motoristas bem vestidos, simpáticos e que ofereciam água fresca, balas, jornais/revistas e, acima de tudo, em razão de os preços praticados serem mais baratos, com rapidez e facilidade de pagamento, os prefeitos e as câmaras de vereadores encontraram os argumentos necessários para – "respeitando o interesse público" – quebrar o monopólio dos táxis oficiais, sob regulamentação, tributação e fiscalização das municipalidades, e autorizar a entrada no mercado da modernidade.

A chegada dos aplicativos de transportes privados urbanos mudou muita coisa em relação aos táxis tradicionais: dissipou o alto preço no mercado ilegal de compra e venda das licenças, introduziu carros novos, limpos, que aceitavam cartões de débito/crédito, ofereciam facilidades e eram mais rápidos no atendimento às chamadas. No entanto, o que prevalecia em favor dos aplicativos era o preço baixo, incluindo, muitas vezes, atrativas ofertas-relâmpago.

O tempo passa, tudo se acomoda e o que se verifica na prática?

Surgiram outros aplicativos: Cabify, 99 Táxi, Easy Táxi, Vá de Táxi, Me Leva e BlaBlaCar. E, até mesmo, serviços de entregas de mercadorias, concorrendo com os Correios e as empresas transportadoras tradicionais. Sem a necessária fiscalização dos órgãos públicos, tudo mudou. E para pior. Não há mais facilidades (água, balas, jornais/revistas etc.); o tempo de espera aumentou; motoristas que aceitaram uma chamada, ao terem outra opção mais lucrativa, desistem, não avisam e, ainda, cobram taxa do usuário que ficou esperando sem atendimento e pediu outro carro; acabaram as promoções. Por fim, há uma controversa avaliação do passageiro: reclame de alguma coisa, mesmo com razão, e não mais será atendido por nenhum motorista, porque sua "pontuação" cairá. Uma inversão de valores entre fornecedor e consumidor.

Entretanto, o grave mesmo fica por conta do principal argumento usado pelas municipalidades, prefeitos e vereadores, para autorizar/regulamentar esses aplicativos: o preço. Às vésperas do Natal e Ano-Novo, então, os valores das corridas subiram de tal forma que superaram, em muito, os dos táxis tradicionais.

É hora de alguém colocar ordem no assunto: prefeitos; vereadores; Ministério Público. Enfim, não podemos voltar ao passado. Avanços – e esse serviço, de fato, constitui-se em um – são para dar certo, no mundo e também aqui neste "país tropical, abençoado por Deus e bonito por natureza".

TRABALHO ESCRAVO

No Brasil, 28 de janeiro é lembrado como o Dia Nacional de Combate ao Trabalho Escravo. Foi nessa data que, em 2004, Ailton Pereira de Oliveira, motorista, e Eratóstenes de Almeida, Nelson José da Silva e João Batista Soares Lage, auditores-fiscais, todos funcionários do Ministério do Trabalho, ao investigar denúncias de trabalho escravo na região rural da cidade de Unaí, noroeste de Minas Gerais, foram assassinados. O carro em que estavam foi abordado por homens armados que mataram os funcionários públicos à queima-roupa. O fato, que obteve repercussão internacional, ficou conhecido como a "Chacina de Unaí".

Os irmãos Antério e Norberto Mânica, este último fazendeiro denominado "Rei do Feijão", foram acusados pelo Ministério Público Federal de serem os mandantes do crime. São conhecidos sonegadores de impostos. Em 2015, 11 longos anos depois do brutal assassinato, o Tribunal do Júri de Minas Gerais condenou os dois irmãos, na condição de mandantes, e José Alberto de Castro e Hugo Pimenta, como intermediários, pelo homicídio dos fiscais e do motorista, além dos pistoleiros Rogério Alan Rocha Rios, Erinaldo de Vasconcelos Silva e William Gomes de Miranda, como executores das mortes.

Embora um dos mandantes, Norberto, seja réu confesso, nem ele nem o irmão, ex-prefeito de Unaí, foram presos porque se valem de constantes recursos junto às instâncias superiores da Justiça. Em novembro de 2018, o Tribunal Regional Federal da 1ª Região (TRF-1) manteve a condenação de Norberto como mandante do crime, mas anulou a sentença de Antério Mânica. As condenações dos intermediários do crime e as dos executores permaneceram valendo. O MPF recorreu contra a redução de pena de todos eles e, também, para que seja restabelecida a sentença de Antério. Os recursos serão julgados pelo Superior Tribunal de Justiça (STJ).

No Brasil, o trabalho escravo ainda existe e acontece em áreas rurais, carvoarias, confecção de manufaturados, construção civil e, também, na exploração sexual. Trata-se de um crime que, na sua maioria, atinge pessoas negras, do gênero masculino e com baixa escolaridade. E alguns imigrantes, notadamente da América do Sul, do Caribe e da África. No caso de prostituição forçada, inclui mulheres e transexuais. Em todos esses desrespeitos aos direitos humanos, também se verifica a presença de adolescentes e até crianças.

No período de 2003 a 2018, segundo dados do Observatório Digital do Trabalho Escravo e do Tráfico de Pessoas, desenvolvido pelo Ministério Público do Trabalho (MPT) em cooperação com a Organização Internacional do Trabalho (OIT), foram resgatados no Brasil mais de 45 mil trabalhadoras e trabalhadores em condições análogas à escravidão. Entre as vítimas, cerca de 31% eram analfabetas; 39% tinham estudado só até o 5º ano do Ensino Fundamental; 54% se declararam negras ou pardas; e 94,7% eram do gênero masculino.

As origens da escravidão são muito antigas. Quando invadiu o Brasil, em 1500, Portugal tinha uma população pequena, de cerca de dois milhões de pessoas, e não havia como renunciar a parte de seus habitantes para colonizar sua conquista americana. Portugal tentou primeiramente escravizar os indígenas que eram os habitantes do Brasil, mas logo perceberam que seria pouco lucrativo. Por outro lado, os padres católicos, notadamente os jesuítas, protegiam as tribos e não havia interesse da Corte Portuguesa em se indispor com a poderosa Igreja.

Então, para suprir os braços que faltavam, os colonizadores usaram a escravidão, que já era praticada na África e no mundo árabe. Os portugueses trouxeram negros das suas colônias africanas para serem escravos no Brasil. O transporte de pessoas escravizadas fomentou a produção de mais embarcações, alimentos, vestuário, armas e outros produtos, todos ligados ao comércio de seres humanos. Por isso, o tráfico negreiro representou um ótimo negócio para Portugal e movimentava grandes cidades nos três continentes.

Além dos portugueses, também espanhóis, franceses, holandeses e ingleses tornaram a escravidão um negócio lucrativo. Superlotaram os porões de seus navios com negros africanos para serem vendidos não apenas nos portos brasileiros, como em toda a América. Após sua captura na África, os seres humanos escravizados enfrentavam a perigosa travessia para o Brasil nos porões dos navios negreiros, onde muitos morriam antes de chegar ao destino.

Já em solo brasileiro, as pessoas escravizadas não ganhavam nada; ao contrário, só perdiam, pois se tornavam propriedade de um semelhante branco. Esse contingente de negros produziu toda riqueza no Brasil: plantio, colheita, transformação dos produtos rurais, transportes, construção de casas, engenhos, igrejas, sistemas de serviços urbanos (água, esgotos, iluminação, ruas etc.), serviços domésticos e em comércio, tudo era feito por escravos. As condições de escravidão no Brasil eram as piores possíveis e a vida útil de um adulto não passava de 10 anos.

Esse absurdo sistema levou muito tempo para terminar, mas acabou com muitas vidas humanas. Foram necessárias quase quatro décadas depois da primeira concreta iniciativa. Um processo sofrido, lento, de muita resistência e combate, que começou com a proibição do tráfico em 1850, com a Lei Eusébio de Queirós, passou pelas leis do Ventre Livre (1871) e dos Sexagenários (1885), para, apenas em 1888, a escravidão ser extinta com a Lei Áurea.

Desses fatos surgiu a expressão "para inglês ver", porque foram leis protelatórias apenas para não atrapalhar o comércio com a Inglaterra, que exigia a abolição da escravatura. O Brasil foi o último país do Ocidente a extinguir a escravidão, e não foi por respeito ao próximo. E aí se origina o racismo estrutural que permanece até hoje.

Portanto, é inconcebível que, mais de 130 anos depois do fim da exploração desumana do homem pelo homem, ainda haja trabalho escravo aqui no Brasil. Esse Dia Nacional de Combate ao Trabalho Escravo é uma data importante para reflexão e continuada luta pelos direitos humanos.

Não se deixe escravizar por opiniões com as quais não concorda, resista à sedução da consciência.

15 ANOS SEM BRIZOLA

Sempre fui um iconoclasta. Nada de adoração a supostos seres perfeitos, pois inexiste perfeição. Em vez de ídolos, prefiro admirar e respeitar algumas poucas pessoas que, por mérito próprio, transcendem o comum e se tornam protagonistas da vida. Uma delas, Leonel de Moura Brizola. Filho de pobres camponeses, foi engraxate para ajudar a mãe viúva que o alfabetizou em casa, formou-se engenheiro, tornou-se político. Elegeu-se deputado estadual e federal, prefeito de Porto Alegre, governador dos estados do Rio Grande do Sul e Rio de Janeiro – sempre pelo voto livre, secreto, direto. Bom filho, irmão, marido, pai, avô e amigo, também foi apaixonado adversário de seus opositores, o que o levou a errar em alguns episódios importantes.

O "engenheiro Brizola", como ele gostava de ser tratado (embora nunca tenha exercido a profissão), já era independente antes mesmo de se tornar um homem. Menino, escolheu o próprio nome e foi sozinho fazer o registro no cartório de Passo Fundo, cidade mais próxima de Cruzinha, povoado gaúcho onde nasceu. Seu pai, um "maragato" de primeira hora, morreu na Revolução Federalista (1923) combatendo os "castilhistas" republicanos. O filho subiu a pulso a corda da vida, foi coerente e corajoso na defesa de seus ideais.

Brizola era um populista, um caudilho comprometido com a inclusão da classe trabalhadora no cenário político nacional. Sempre teve compromisso com as legítimas causas das parcelas mais humildes da gente brasileira. Governador do Rio Grande do Sul (1959-1963), construiu em seu mandato 6.302 escolas públicas. Governador do Rio de Janeiro (1983-1987), com o antropólogo Darcy Ribeiro, implantou os Centros Integrados de Educação Pública (Cieps). Os Cieps oferecem ensino integral para crianças e adolescentes, abrangendo alimentação, assistência à saúde, esporte, lazer e cultura. O exemplo que gerou mais tarde os "Ceus", em São Paulo.

Como repórter, estive com ele em inesquecíveis momentos: 1970, quando, exilado, recebeu-me em seu apartamento de Montevidéu, Uruguai; 1978, na Alemanha, quando denunciou as atrocidades da ditadura militar brasileira no encontro da Internacional Socialista; 1979, na sua emocionada volta ao Brasil depois de 15 anos de resistência no exílio; 1980, quando, por manobra do ministro general Golbery, chorou ao perder a sigla do PTB para Ivete Vargas; em 1982, quando vira o jogo e se elege governador do Rio.

Em quase 60 anos de vida pública, com erros e acertos, Brizola manteve fidelidade aos mesmos ideais e o mesmo espírito combativo na defesa de uma sociedade livre, democrática e justa. Seu estilo duro de fazer política nunca o impediu de ser bem-humorado, Brizola cunhava irônicas denominações: "filhote da ditadura" (Fernando Collor); "mauricinhos e patricinhas" (jovens alienados cariocas); "sapo barbudo" (Lula); "gato angorá" (Moreira Franco).

A Leonel Brizola devem-se a Rede da Legalidade (1961); a defesa, no Exterior, dos brasileiros perseguidos pela ditadura militar após o golpe de 1964; o respeito à Educação; a sua luta pela redemocratização do Brasil; e outros exemplos de civismo, de nacionalismo. Lembro-me de uma conversa nossa, quando disse: "Não existirá felicidade enquanto uma só criança estiver abandonada, perambulando nas ruas".

Leonel Brizola despediu-se da vida interferindo, diretamente, no cotidiano da política brasileira. Como ele mesmo havia ameaçado ao dizer "Sou como um cavalo inglês: vou morrer na cancha". E cumpriu: a votação do salário mínimo na Câmara Federal foi obstruída pela sua morte, em junho de 2004, que, mais vivo do que nunca, posicionou-se em defesa do trabalhador.

CULTURA DO ÓDIO

A pedagoga colombiana Yolanda Reyes, em coluna no *El Tiempo*, tratou com brilho, lucidez e preocupação de um tema que nos diz respeito. Segundo ela, há países que necessitam de tratamento psicológico, têm saúde mental em estado de emergência, requerendo terapia intensiva. De fato, não pode ser considerado "normal" o clima de irritabilidade, revolta e ódio explicitado em público no Brasil. As pessoas, desde a campanha eleitoral de 2018, em segundos vão da ofensa pessoal à agressão, sem limite de bom senso. Do nada, por nada, para nada. Simples descontrole e violência.

O País, visto como pacífico, no qual buscam por felicidade imigrantes de diversas origens, tornou-se campo minado. Lugar perigoso para quem ousa exercer o direito à liberdade de opinião. Há feridos e mortos por pensar diferente, não concordar com radicalismos políticos. E não fica só nisso, a barbárie já alcança diferenças religiosas, de gênero, de cor, e por aí vai a inconsciência quanto ao direito do próximo.

Fomos divididos em dois grupos: contra e a favor. E se perguntarmos de que ou quem, os militantes nem saberão dizer. A tecnologia, criada para aproximar pessoas pelos telefones celulares, é utilizada para acirrar ânimos, promover discórdia, gerar conflitos. Jogar uns contra outros. Todos os dias, recebemos vídeos de pessoas sendo ofendidas, agredidas, acuadas por suas posições ideológicas.

Que síndrome é essa que faz humanos perderem a calma, atacarem semelhantes? São centenas de falsas notícias, imagens montadas, cenas antigas repaginadas, versões de fatos causando reações imprevisíveis. Erros do passado lembrados no presente para destruir o futuro. Violência gera violência que gera violência... E não acaba mais. Acaba sim, em tragédia como registra a história.

Estamos nos tornando incapazes de sentir esperança, acreditar em transformações positivas. O que poderia motivar avanços tem gerado insegurança e sombras. A filósofa norte-americana Martha Nussbaum, em *A monarquia do medo*, ensaio sobre política nos Estados Unidos, mostra que raiva traz impotência e medo, é veneno rápido que mata a democracia. Porque ações irracionais tiram o foco dos verdadeiros problemas, que assim não têm solução. Entusiasmam o surgimento de "salvadores da Pátria", permitindo golpes políticos.

Quando o prefeito de uma cidade com graves problemas de segurança, saúde, educação, emprego, moradia e mobilidade se ocupa em censurar e apreender livros ignorando leis, duvidando da educação dada pelas famílias e impedindo o livre debate de ideias, acende a luz de alerta. Da discussão civilizada e da divergência de pensamento surgem as saídas, porque essas práticas permitem a chance de pensar e exercer a responsabilidade cidadã.

É hora de unir, não dividir. Acabar com essa insana delinquência emocional e física. Precisamos acreditar em nós mesmos, manter vigilância e cobrar resultados dos três poderes. O momento exige coragem não para agredir, e sim para permitir a certeza de que nem tudo está perdido.

COMPLIANCE

Comemoramos em 9 de dezembro o Dia Internacional contra a Corrupção. Você sabe o que define, do ponto de vista semântico, a palavra corrupção? Não pode haver significado mais apropriado: "decomposição"; "putrefação".

Fenômeno social, político e econômico, a corrupção alcança, com maior ou menor intensidade, todos os países do mundo. Presente em diferentes contextos, prejudica as instituições democráticas, freia o desenvolvimento econômico e contribui para a instabilidade política.

A corrupção destrói as bases das instituições democráticas, distorcendo processos eleitorais, minando o Estado de Direito e deslegitimando a burocracia. Isso causa o afastamento de investidores e inibe o empreendedorismo, freia o desenvolvimento de empresas que não conseguem arcar com os pesados "custos" da corrupção.

O conceito de corrupção é amplo, incluindo práticas de suborno e de propina, fraude, apropriação indébita ou qualquer outro desvio de recursos por parte de um funcionário público. E, cabe lembrar, os governantes, os parlamentares e os magistrados são também funcionários públicos.

A corrupção pode envolver casos de prevaricação, nepotismo, extorsão, tráfico de influência, peculato, utilização de informação privilegiada para fins pessoais, concussão e a compra e venda de sentenças judiciais, entre diversas outras práticas. Corrupção é crime.

Imagine que pessoas morrem nas filas dos hospitais públicos sem atendimento, sem remédios em razão de desvios de recursos destinados à saúde. Cidadãos adoecem e perdem suas vidas por ineficiência e desmando, que são outras formas de corrupção. Obras feitas sem qualidade para oferecer espaço à corrupção causam graves acidentes, também vitimando pessoas.

Ao reconhecer a necessidade de um instrumento global que pudesse auxiliar os Estados-membros no enfrentamento à corrupção, a Assembleia Geral da ONU aprovou, em 31 de outubro de 2003, a Convenção das Nações Unidas contra a Corrupção. Trata-se do primeiro instrumento jurídico anticorrupção que estabelece regras obrigatórias aos países signatários. A convenção oferece um caminho para a criação de uma resposta global ao grave problema da corrupção. O Brasil é signatário desse documento.

Na iniciativa privada, há uma década vem crescendo a preocupação com efetivos programas de *compliance* – termo que tem origem na expressão "*to comply*", que em inglês significa estar de acordo com a regra, em conformidade com ela.

Os serviços públicos no Brasil ainda estão distantes das boas práticas que a iniciativa privada já adota. E aperfeiçoa a cada dia, porque precisa manter sua imagem, seu lucro e, acima de tudo, seu compromisso com o desenvolvimento do País. Nas empresas, de todos os setores (agrícola, industrial, comercial e de serviços) os clientes cobram transparência. Já no setor público, os brasileiros ainda não praticam como deveriam esse mesmo salutar comportamento.

Segundo a Transparência Internacional, em seu Índice de Percepção de Corrupção (IPC), que indica, desde 1995, os níveis do problema em 180 países do mundo, neste 2019, registra que os atuais 35 pontos de 100 possíveis do Brasil equivalem ao valor mais baixo desde 2012, ano em que a medição estabeleceu o início de uma série histórica aqui no País. Na última avaliação feita, o Brasil ocupou o 106º lugar no mundo, contabilizando um quinto recuo anual seguido.

Não há corruptos quando não há corruptores. A corrupção diminui a níveis muito baixos quando há cultura e educação de qualidade, quando existe a consciência de que somos todos responsáveis e, portanto, precisamos fazer o certo sem precisar dar "jeitinhos". Quando as leis são realistas, justas e viáveis, não criam injustificadas formas de "interpretação". Quando os funcionários públicos cumprem o seu papel, não buscam se beneficiar de modo "extra", obtendo privilégios no exercício dos cargos que ocupam em diferentes níveis de governo.

A corrupção é uma doença tão grave – ou mais – quanto a covid-19. A vacina é o conhecimento, e o remédio é a ética – não apenas no discurso, mas na prática.

RECESSÃO DEMOCRÁTICA

"A imprensa... Ah!... A imprensa... Sempre batendo e nunca elogiando." Ouço isso há mais de meio século. Entretanto, também observo, e na prática, que a imprensa se arrisca desde sempre para levar informação dos fatos à sociedade. Que foi a responsável por grandes conquistas brasileiras, como a independência, a república, a abolição da escravatura, a redemocratização, a melhoria das condições de vida, os direitos humanos, o combate à corrupção, a economia equilibrada e mais produtiva, campanhas de saúde, educação, cultura e muitos outros positivos aspectos de interesse da sociedade.

A imprensa existe para governados, não para governantes. Precisa mostrar o que acontece. E nem sempre o que acontece é bom, infelizmente. Há, por vezes, distorções, exageros, equívocos? Sim. Vários são corrigidos, alguns poucos não. Jornalista é um ser humano, tem como qualquer outro suas preferências, paixões, cores. E também erra. Entretanto, como qualquer bom profissional, seu compromisso maior é com a verdade, porque é ela que lhe garantirá o sucesso na carreira. Informar fatos, não versões deles conquista a confiança do público. Sem credibilidade não existe mídia. Liberdade de expressão exige responsabilidade de expressão.

Os jornalistas dariam tudo para noticiar a paz mundial, o fim da corrupção, o remédio cientificamente comprovado para a covid-19, zero desemprego no Brasil, nenhum ato de violência em todo o País, e por aí vão as informações que fariam a felicidade de qualquer um de nós, profissionais da comunicação.

É interessante observar que, quando se critica um governante, os seus correligionários e admiradores afirmam, de pronto, que a imprensa os está perseguindo, está sendo injusta. Que tal pensar que tanto a esquerda quanto a direita, ou seja, que nenhum dos dois lados deixou de reclamar da mídia quando no exercício do poder? Lula se dizia perseguido, Bolsonaro se diz perseguido. Lula e Bolsonaro estão do mesmo lado nessa autodefesa e demonstram, assim, que a imprensa é isenta, imparcial, não tem lado que não seja o do compromisso com a verdade.

E os governantes reclamam que, ao realizar coisas boas, ninguém noticia. É claro que a imprensa noticia, entretanto não fica elogiando, porque fazer, realizar, não roubar, ser justo é obrigação, dever, e não uma virtuosa qualidade. Ninguém elege um governante para agir diferente. Você leria com interesse a notícia de que o presidente da República é ético, capaz, trabalhador e não rouba? Não! Você desconfiaria do repórter, do veículo.

Quando a imprensa aponta os líderes populistas e autoritários em todo o mundo, alguns são figurinhas, embora carimbadas, sempre repetidas: o norte-americano Donald Trump, que já deixou o governo; o turco Recep Erdoğan; o húngaro Viktor Orbán; o polonês Andrzej Duda; o austríaco Sebastian Kurz; e o indiano Narendra Modi. Porque eles dão motivos. Há um nome, entretanto, que raramente aparece: o israelense Benjamin Netanyahu. Ou melhor, não aparecia… O professor e escritor norte-americano Larry Diamond, da Universidade de Stanford, denomina "recessão democrática" o ambiente que explica a transformação pela qual alguns líderes mundiais têm passado. E Netanyahu é um deles.

Em 2019, pesquisa de opinião junto aos israelenses revelou que 54% temiam que a democracia do país corria sério risco. Nada mudou de lá para cá. Netanyahu se mantém no poder com uma base de apoio forte, porém pequena. Foi em seu governo que o Parlamento definiu formalmente o país como um Estado judeu, ignorando a minoria árabe. Leis para dificultar a ação de ativistas políticos que defendem direitos palestinos foram sancionadas. Dirigentes de ONGs que lutam por liberdade de expressão e direitos humanos foram expulsos do país.

Netanyahu está sendo processado por corrupção pelo Ministério Público de Israel. Como seu amigo Bolsonaro, ele ataca permanentemente a imprensa que publica esse tipo de informação levando a verdade dos fatos ao conhecimento da sociedade. Ou seja, cumprindo o seu papel de informar.

A história dos conflitos entre israelenses e árabes é antiga. Tanto quanto os esforços pela paz na região. O atual governo de Israel, entretanto, não optou pelo entendimento como muitos de seus antecessores. Sua política para o complexo problema é fingir que ele não existe. No entanto, de modo discreto, não deixa de dar apoio aos extremistas.

O mais interessante é que Netanyahu não era assim. Sempre foi, é certo, conservador. Mas não um populista radical, autoritário e nada liberal. Mudou. E para pior, se levarmos em conta que o mundo precisa de paz.

Israel sempre foi um país que buscou ser um estado pluralista, laico – o Estado Moderno Judeu, não fundamentalista, com espaço respeitoso e livre para pessoas de todos os credos e ideologias. Essa mudança de orientação dada por Netanyahu é exatamente o que o Ocidente critica no Oriente Médio; pautas políticas que, pouco a pouco, se tornam pautas religiosas radicais, gerando mais conflitos e tornando impossível a paz.

VIDA SEVERINA

O Brasil tem uma das culturas mais interessantes do mundo, com criativos artistas em diferentes áreas, da pintura à literatura, passando pelo teatro, cinema, dança, arquitetura, música, escultura. Somos um povo conhecido e reconhecido, em nível internacional, pela nossa arte múltipla e rica, sempre inovadora.

País que se libertou da colonização, em constante busca de crescimento, a alma do seu povo registra um toque de miscigenação que, para alguns, parece ruim e, para outros, bom. Parcela mais consciente da nossa intelectualidade, entretanto, entende que a arte tem um compromisso sócio-político. E daí surge um responsável questionamento dos problemas brasileiros.

Nessa vertente, encontramos alguns dos nossos melhores criadores com trabalhos magníficos. Entre os poetas, por exemplo, está João Cabral de Melo Neto, que em 2020, completou 100 anos. Talvez, o mais importante nome da poesia Pós-Modernismo, com um trabalho de alta qualidade e que foge aos temas subjetivos. Sua obra obedece a uma rígida disciplina criativa, tem um compromisso com a forma e o conteúdo contempla a dura realidade deste País.

João Cabral nasceu em Pernambuco, no início de 1920, e ainda jovem mudou-se para o Rio de Janeiro. Fez carreira na Diplomacia, chegando a embaixador. Escreveu livros de grande sucesso aqui e no Exterior, foi perseguido por ditaduras e, nos importantes cargos que ocupou na vida pública, nunca transigiu com suas convicções éticas e o respeito aos legítimos interesses do Brasil.

Severino José Cavalcanti Ferreira também nasceu em Pernambuco, uma década depois do poeta. Em pleno golpe militar de 1964, elegeu-se prefeito do município de João Alfredo, pela União Democrática Nacional

(UDN), partido que apoiara a derrubada do governo constitucional. Sem instrução e sem cultura, Severino cumpriu trajetória política construída sobre bases apenas demagógicas.

Em 1968, no auge da repressão dos militares no poder, João Cabral é eleito para a Academia Brasileira de Letras, um reconhecimento pelo conjunto de sua obra e uma demonstração de independência política da ABL, ao escolher um nome de esquerda. Dois anos antes, Chico Buarque de Holanda havia transformado em espetáculo musical de grande sucesso uma das mais significativas obras de João Cabral, o auto de Natal: *Morte e vida severina*. O poema mostra a saga dos retirantes nordestinos. Gente simples e boa, que tenta vencer seu triste destino de miséria sob anos de seca e descaso governamental.

No mesmo ano de 1968, Severino Cavalcanti exercia seu primeiro mandato de deputado estadual, ainda em Pernambuco, pela Arena, partido de sustentação aos militares. E seguiu se reelegendo até que, em 1975, chegou a ser vice-líder da agremiação política na Assembleia. Nesse mesmo ano, João Cabral lançava o livro *Museu de tudo*, premiado pela Associação Paulista de Críticos de Arte (APCA). O poeta era publicado em vários países do mundo; o livro foi um êxito até na exigente França.

Em 1978, por influência do seu amigo Paulo Maluf – que o auxiliou financeiramente em campanhas eleitorais –, Severino recebe, sem justa razão, a medalha da Soberana Ordem dos Cavaleiros de São Paulo, no Pátio do Colégio, terreno sagrado e símbolo da fundação da capital paulista. João Cabral, nos anos seguintes, recebe, por seus inegáveis méritos, os prêmios "Camões", em Portugal, e "Neustadt", na Universidade de Oklahoma, nos Estados Unidos – o primeiro brasileiro a merecer a láurea.

Enquanto isso, no Brasil, Severino praticava atos políticos marcados pelo radicalismo e pelo preconceito. Em 1980, denunciou o padre Vito Miracapillo, um religioso italiano que, diante da barbárie praticada pela ditadura militar, torturando e matando dissidentes do regime, recusou-se a celebrar missa nas comemorações do 7 de Setembro. O padre foi expulso do Brasil, onde realizava importante trabalho de catequese e de solidariedade aos necessitados.

Aos seus usos e costumes, iludindo o eleitorado mais simples, Severino chega em 1995 à Câmara Federal. Dessa vez, pelo fisiológico Partido da Frente Liberal (PFL). A atuação parlamentar, do agora federal, Severino Cavalcanti, foi pontuada por fatos no mínimo cômicos, se não fossem trágicos... Perseguição a homossexuais; absurdas defesas de aumento de salários e legitimidade na contratação de parentes dos deputados para o serviço público; acordos políticos com base em vantagens pessoais; e, para fechar a lista com chave de ouro, a defesa de uma punição branda para os corruptos do "mensalão".

Como dizem os talentosos irmãos chargistas, Paulo e Chico Caruso, no refrão de divertida e oportuna crítica musical: "Severino Cavalcanti, rei do lero-lero; Severino Cavalcanti o papa do baixo clero". Ou seja, para ser líder de um grupo sem nenhuma expressão, só sendo alguém da estatura desse mesmo contingente. Numa articulação política sem medir consequências, unem-se partidos contra o então considerado "domínio petista". E, irresponsavelmente, o despreparado e corrupto Severino é eleito presidente da Câmara dos Deputados, o terceiro homem na hierarquia governamental do País.

Mas, como dizia o falso guru Fernando Collor, "o tempo é o senhor da razão". E foi mesmo, primeiro com ele próprio, Collor, e, mais tarde, com Severino. Neste caso, o tempo nem perdeu tempo... Agiu rápido. Severino foi flagrado com a mão no "Mensalinho" – ladroagem pequena para quem é igualmente pequeno, de lá mesmo, do "baixo clero".

E o poeta João Cabral? Pergunta o atento leitor. João Cabral morreu no final dos anos 1990. Escapou de ver um de seus retratados, que deixou de ser um herói nordestino como aquele do seu antológico poema, para ter outra espécie de fim. Severino, ao renunciar aos mandatos de presidente da Câmara e de deputado federal, suicidou-se politicamente diante das denúncias que não conseguiu desmentir – porque eram verdadeiras. Morreu em 2020, no ostracismo político.

Neste momento da vida pública do Brasil, observamos mais Severinos do que Joões. A história ensina muito, as pessoas aprendem pouco...

CORRUPÇÃO, POESIA E JUSTIÇA

Quando no Congresso Nacional são debatidos temas relacionados à corrupção, lembro que há quase 30 anos ali acontecia a "CPI do Orçamento". Nessa comissão especial eram analisados 84 disquetes apreendidos na construtora Odebrecht, quando se encontrou uma crônica dedicada a quem não tem namorado, redigida em estilo peculiar e sem identificação de autoria.

Em meio à realidade que envolvia políticos supostamente corruptos, surgiu o texto poético de inquestionável qualidade. O poder paralelo, que à época já causava danos ao País, mostrava um lado inesperado. Sob risco de punição ao vazar informações confidenciais, o técnico da Prodasen que descobriu o indecifrável texto, emocionado pela beleza e sabedoria da obra, distribuiu cópias no Congresso.

Seria mensagem em código cifrado? Revelaria novos envolvidos nos crimes investigados? Um possível corruptor escreveria com tanta sensibilidade e perfeição? Ninguém buscou as respostas. Todos queriam os valores das propinas e os nomes dos parlamentares que as teriam recebido.

O texto afirmava que não ter namorado era "tirar férias do melhor de si", e no final recomendava uma dose de insanidade para evitar solidão: "Enlou-cresça". Só não considerava apelar à condição de mal acompanhado, como no caso dos investigados e suas relações.

Entre desvios de recursos públicos feitos pelos deputados e senadores, os "Anões do Orçamento", surgia algo metafórico que gerou piadas. O senador gaúcho José Paulo Bisol (PT) ironizou: "É... Os brutos também amam". O deputado baiano Benito Gama (PFL) arriscou a rima: "A CPI do Orçamento mais parece um tormento. Tem de tudo um pouco, e o pior é ouvir lamento".

O deputado Gedel Vieira Lima (PMDB-BA), envolvido nas denúncias, era um dos que mais reclamavam na CPI. E, no espírito do texto encontrado, gerava versos. A ele atribui-se frase dita a um dos investigadores: "Se você é vidente, verá que sou inocente!". Pelo visto, não era. No apartamento emprestado por um amigo, em Salvador (BA), 24 anos depois, foram encontradas nove malas e sete caixas de papelão que somavam 51 milhões de reais e 2,688 milhões de dólares.

O que se descobriu, afinal, além de que há quase 30 anos já havia corrupção endêmica que envolvia empreiteiras, parlamentares e gestores públicos? Que isso poderia ter sido evitado desde então, sem causar prejuízo ao Brasil? Não. O problema seguiu acontecendo e se agravando. A novidade ficou por conta de ser o poético texto apenas um trabalho universitário da filha de um diretor da Odebrecht, que, ao acaso, misturou-se aos demais disquetes do Setor de Operações Estruturadas (entenda-se "Propinoduto) da empreiteira.

Outra descoberta foi que a imaginada mensagem codificada, que apontaria outro possível envolvido na roubalheira, era uma crônica de Carlos Drummond de Andrade, "Namorado: ter ou não, é uma questão". O poeta maior da literatura brasileira, morto em 1987, não viu seu texto arrolado na CPI. No entanto, como todos nós, teria ficado sem entender o porquê da demora para que as pessoas envolvidas começassem a ser denunciadas, investigadas, processadas, condenadas e, finalmente, punidas. Resta a máxima popular: "Antes tarde do que nunca", como lembraria Drummond, sempre tão sensível ao que vive e sofre a sociedade.

DIREITOS INDÍGENAS

Conforme alertou, lá nos anos 1980, o compositor Jorge Ben Jor, na voz de Baby Consuelo: "Curumin, chama Cunhatã que eu vou contar, todo dia, toda hora, era dia de índio. Mas agora eles só têm um dia… O dia 19 de abril". O trecho da letra da música aponta nitidamente, com base em uma realista crítica, as contradições que se configuraram em nossa sociedade desde a criação do "Dia do Índio".

Em 19 de abril de 1940, o 1º Congresso Indigenista Interamericano, reunido em Pátzcuaro, no México, aprovou uma recomendação proposta por delegados indígenas do Panamá, do Chile, dos Estados Unidos e do próprio México. A recomendação nº 59 propunha instituir o Dia do Índio nos países americanos, data a ser dedicada ao estudo da problemática indígena. Todos os países da América foram convidados a participar.

A recomendação pretendeu também outorgar aos governos americanos normas necessárias à orientação de suas políticas indigenistas. Pelo Decreto-lei nº 5.540, de 2 de junho de 1943, o Brasil adotou a recomendação. O documento foi assinado pelo então presidente Getúlio Vargas e pelos seus ministros Apolônio Sales (Agricultura) e Oswaldo Aranha (Justiça).

De lá para cá muito pouco se fez, de fato, pelos indígenas. E em todos os países das Américas. Os corajosos e valentes povos nativos destas terras que foram invadidas pelos europeus não têm razões para comemorar seu dia. A data deve chamar a atenção do mundo para algo que caracteriza histórica injustiça, uma triste e grave realidade a ser corrigida.

A conquista europeia que devastou os povos nativos deste continente não teve apenas a espada como arma. O fator epidemiológico foi, e ainda é, mais letal: as doenças (tifo, varíola e peste bubônica) contribuíram para dizimar a população indígena durante o maior genocídio da humanidade. Outras epidemias, como malária, sarampo, hepatite, tuberculose, aids e gripe, também mataram, e seguem vitimando seres humanos nos territórios indígenas. Por fim, também as drogas químicas têm sido fatais. Sem acesso a serviços básicos e sistemas de saúde, agora a pandemia da covid-19 afeta ainda mais, cruelmente, as comunidades indígenas das Américas.

A população indígena da região latina ultrapassa 45 milhões de pessoas, o que representa quase 10% do total. É a área com maior densidade demográfica indígena do planeta. São 826 diferentes povos das florestas registrados. Em seu relatório anual de 2019, a Comissão Econômica para a América Latina e o Caribe (Cepal) destacou que a pobreza dos povos indígenas é cerca de 30% maior que a dos não indígenas.

Nesta pandemia, não estamos todos no mesmo barco, estamos no mesmo mar. Uns em iates, outros em lanchas, outros com coletes salva-vidas e outros nadando com todas as forças.

A metáfora utilizada em um comunicado de sete organizações indígenas no estado mexicano de Hidalgo ajuda nas reflexões sobre quais setores sociais serão mais afetados pelos impactos do novo coronavírus.

Medidas específicas esvaziadas, insuficientes ou a falta de protocolos especiais e de serviços básicos (principalmente água potável); doenças preexistentes relacionadas à pobreza, ausência (ou grandes distâncias) dos serviços de saúde; complicações na oferta de alimentos com o fechamento de estradas e comércios; falta de documentação exigida para participar de programas sociais; e pouca divulgação preventiva com uma abordagem intercultural e, óbvio, nas línguas indígenas são complexidades não resolvidas depois de mais de um ano de crise sanitária. Uma combinação de problemas que deixa grande parte das comunidades indígenas da América Latina em extrema vulnerabilidade. Se o cenário anterior já se caracterizava como emergencial, a pandemia aprofundou as desigualdades e piorou o quadro.

No Peru, os indígenas lavam as mãos e os alimentos com água contaminada por petróleo. Além disso, sofrem com surtos de malária e dengue. Tudo isso agravado pela imposição de dias em viagem para chegar a um centro de saúde. Os problemas, excetuando alguns aspectos bem pontuais, são os mesmos em quase todos os países latino-americanos. Da Patagônia ao Amazonas, os mesmos medos, dúvidas e necessidades se repetem em todo o continente.

Muitas comunidades não têm acesso a internet, eletricidade ou equipamentos eletrônicos para se comunicar, aprender e praticar protocolos de segurança. Algumas tribos indígenas mais organizadas e estruturadas em atuantes entidades, como as da Colômbia e do México, emitiram alertas epidemiológicos e ativaram planos de contingência que incluem o bloqueio de estradas, permitindo apenas a passagem do transporte de alimentos, remédios e produtos básicos. A estratégia de prevenção e contenção está dividida em três ações: pedagogia para entender a pandemia; controle territorial por meio das guardas indígenas; e mobilização de conhecimentos por especialistas em Medicina Indígena. Não basta.

A escassez de água potável, outras doenças e o confinamento em virtude do conflito armado no interior de alguns países pioram a situação. Além da covid-19, outro perigo continua sendo o das ações de grupos paramilitares. O genocídio contra os povos indígenas é pior do que a pandemia, e já dura séculos. Com cerca de 16 milhões de pessoas, o México é o país com a maior população indígena da região. Movimentos organizados pedem que "as lutas contra o feminicídio, pela defesa do território e da Mãe Terra não sejam esquecidas". O texto termina dizendo: "Chamamos a não perder o contato humano, mas mudar temporariamente as formas de como nos entendemos como irmãs e irmãos".

A situação também é crítica no Paraguai. A organização Terra Viva divulgou: "As estatísticas anteriores à pandemia já indicavam que 65% dos povos indígenas estão na pobreza e mais de 30% na pobreza extrema; a isso se soma a atual situação de isolamento que impossibilita sair para cultivar, caçar e pescar. A exclusão estrutural está se aprofundando e a fome está atingindo fortemente as comunidades". Na Bolívia, a legislação reconhece 34 nações e povos originários. No Território Indígena do Parque Nacional Isiboro Sécure (Tipnis), que agrupa 64 comunidades, seus habitantes denunciam descaso do governo: falta de informações, remédios e alimentos em virtude da interrupção do comércio.

No Brasil, onde há registros de vários indígenas mortos e infectados pelo novo coronavírus, o fantasma, não tão distante, da gripe H1N1 volta a assombrar as comunidades. O medo da covid-19 se potencializa, já que um terço das mortes de indígenas no Brasil tem causa nas doenças respiratórias. Outra grande ameaça no Brasil está nas atitudes do governo federal, que, além de relativizar a pandemia e contrariar todas as recomendações científicas, tem permitido o desmatamento nas áreas de florestas. Nice Gonçalves, jornalista e ativista indígena, alerta: "Em 2019, a mortalidade infantil aumentou 12% devido à saída dos médicos cubanos e ao desmonte da saúde indígena".

A pandemia abriu as portas aos debates urgentes sobre a necessidade de um novo paradigma civilizatório. O Dia do Índio é um momento oportuno para o enfrentamento responsável de um velho problema humano que não temos olhado com o devido respeito. Encerro com uma frase que ouvi do saudoso amigo Darcy Ribeiro, notável antropólogo e educador: "Viva aceso, olhando e conhecendo o mundo que o rodeia, aprendendo como um índio. Seja um índio na sabedoria".

Não se assuste com os que nas áreas urbanas parecem civilizados e agem como selvagens, pense que os indígenas são os que nos antecederam e ensinaram o que só alguns, infelizmente, souberam aprender.

BOLSONARO, NEYMAR E CLODOVIL

O que faz de alguém um ídolo e, também, fruto de desinteresse, inveja ou respeito? Sentimentos como amor e ódio geram posicionamentos extremistas. A paixão alimenta, com a mesma força e sem consciência, antagônicos aspectos. Vivemos um Brasil dividido entre nós e eles, os "contra" e os "a favor" – e com perigosa agressividade.

É possível observar o fenômeno da idolatria em três diferentes momentos: a eleição de Jair Bolsonaro; mais um escândalo envolvendo o craque Neymar; e a lembrança da morte de Clodovil, estilista de moda, apresentador de televisão e político.

Há quem não aguente Bolsonaro, sua desconcertante sinceridade, costumeiros excessos, inconvenientes testemunhos, radicalismo de direita e expressões clichês. Ao mesmo tempo, há quem o adore por esses exatos motivos, seja fã e colecionador de suas falas, aplauda incondicionalmente seus atos, admire sua dedicação aos filhos. Muitos até colecionam antigos pronunciamentos da época em que ele era parlamentar do chamado "Baixo Clero".

Neymar, por sua vez, é, para alguns, desequilibrado emocionalmente, irresponsável e capaz de não respeitar o fantástico talento que tem. Um homem que joga a sorte no lixo. Para outros, entretanto, um ser humano acima do bem e do mal, herói que soube superar as adversidades, construir uma carreira de sucesso e que, já milionário, tem a humildade de continuar jogando pelo prazer de praticar sua vocação.

Clodovil sempre soube fazer inimigos. Ferino em comentários, jamais perdoou os desafetos e sabia, como ninguém, de maneira inteligente, direta e sempre bem-humorada, castigá-los, tocando nos pontos que lhes eram frágeis. Não tinha rodeios. Nunca se preocupou em agradar ou desagradar a alguém. Seus críticos o acusavam de fazer a apologia do homossexualismo, ser irreverente em demasia, inconsistente nas declarações. Entretanto, havia muita gente que vibrava com seu jeito de quem não tem jeito, sua conhecida generosidade, rebeldia sem limites.

Reconheço em Jair Bolsonaro uma inegável habilidade na representação, muitas vezes transversal, de polêmicos sonhos da sociedade. Confesso que torço para que Neymar abandone o "tapetão" e fique apenas nos campos de futebol e, por fim, lembro com nostalgia a figura de Clodovil. Porque, a rigor, Bolsonaro, Neymar e Clodovil são personagens da realidade brasileira, alvos do interesse e da razão de reais sentimentos populares – contra ou a favor.

Esses três incontestáveis ídolos constituíram-se no mais legítimo espírito *big brother* em meio à hipocrisia, desonestidade e mentira que, de maneira crônica, permeiam nosso cotidiano desde 1500. São exemplos da diversidade de nossa gente, de crônicos problemas na educação e cultura.

Assim, cabe entender que, quando a campanha eleitoral termina, há um presidente, eleito pelo voto livre, direto e secreto, cumprindo seu mandato. Ele precisa sair do palanque e os correligionários – dos dois lados – devem parar o bate-boca. Chega de conflitos. Precisamos ser iconoclastas, pelo bem do Brasil. Não há "salvador da Pátria". A história mostra essa verdade. O momento exige união e trabalho.

Como disse o próprio Clodovil, ao ser questionado sobre as roupas que usaria no plenário da Câmara Federal, quando eleito deputado por São Paulo: "Será que precisamos de gravata ou de seriedade?".

PANDEMIA
VERSUS PANDEMÔNIO

É interessante observar como os humanos se comportam nas crises, tal como na pandemia de covid-19. Em razão das mídias sociais, ficou ainda mais fácil observar o fenômeno da busca de explicações para o que atinge a todos, sem exceções. Cada pessoa tem as próprias convicções e, com liberdade, defende seus pontos de vista com maior ou menor empenho. Mas, exageros de alguns e oportunismos de outros à parte, a pandemia é real. Quem não tomar todos os cuidados estará em risco de contrair o vírus e até morrer.

Já, por outro lado, o pandemônio causado pela pandemia é um fenômeno comportamental, gerado por boa parcela da sociedade. Foi o inglês John Milton que, em 1667, cunhou o neologismo em seu poema épico "Paraíso perdido", escrito em período de muita agitação política e religiosa do século XVII, assim como o que estamos vivendo nessa pandemia. Em 2012, foi lançado no Brasil o romance antiutópico *Pandemônio*, da escritora norte-americana Lauren Oliver, que também aborda o tema. Seja sob que prisma, a expressão supõe a vida na imaginária "capital do Inferno".

Há quem acredite em "depurações" da humanidade. Em catástrofes que, de tempos em tempos, acontecem para dar uma "arrumadinha" na Terra. Alguns esotéricos e religiosos resgatam profecias de Nostradamus a Raul Seixas, passando por Bill Gates. E o mais interessante é que fundamentam suas teorias, encontram palavras, frases, indícios que soam como grandes verdades.

Alguns, justamente preocupados com a sobrevivência depois da crise, optam pela teoria da conspiração. A China, que se tornou potência ameaçadora do ponto de vista dos negócios, estaria usando o vírus para o "reequilíbrio" do mercado internacional em um momento que a balança lhe é desfavorável. Para estes mais céticos, chineses são capazes de tudo para ganhar dinheiro. A fantasia é de que desenvolveram o vírus para, já com a cura descoberta por eles mesmos, comercializar o remédio em todo o mundo. Sem falar da venda de máscaras, testes e outros produtos para o enfrentamento do mal que eles mesmos teriam causado.

Há os militantes políticos que estão convencidos – e tentam nos convencer a todo custo – de que a China desenvolveu uma arma química, um vírus de laboratório para dominar de vez o planeta. Implantar o comunismo na aldeia global. E essa tese vai muito além do aspecto comercial. Quem sabe, até mesmo, esses incontroláveis chineses pretendam conquistar também o universo? E nossos ativistas políticos, circunspectos, advertem com as sobrancelhas cerradas: "Comunistas comem criancinhas!".

Os humoristas se divertem, os cartunistas fazem do traço a troça, todos nos oferecendo momentos de diversão em meio a tanta tristeza e temor pela contaminação e suas duras consequências. Entre as centenas de piadas que circulam, está a que afirma ser cientificamente comprovado que o uso intenso de alho evita a covid-19. Afinal, todas as pessoas ficarão a mais de um metro e meio de você…

A imprensa também não escapou dos ataques de alguns nessa pandemia, vítima da incompreensão de certas correntes desde a última campanha eleitoral. Para determinado grupo, o noticiário é tendencioso e só contempla os que morreram. Os que seguem vivos e saudáveis não têm sido mencionados. Também não tem informado os inúmeros casos de remédios caseiros capazes de evitar, ou até mesmo curar, qualquer problema causado pelo novo coronavírus. Tem quem afirme que determinado chá, feito pela avó de um vizinho, tem sido injustiçado ao não aparecer nas manchetes da mídia.

O fato, não as versões dele, é que para enfrentar a pandemia com união, cuidados e muita responsabilidade, a começar das autoridades públicas, não se pode cair nas armadilhas das paixões políticas, religiosas, econômicas, comportamentais etc. O brasileiro é pacífico, tem boa índole, trabalha e produz com alegria. Contudo, por problemas históricos de educação e cultura, muitas vezes se comporta com ingenuidade diante de pregações radicais.

A hora é de respeito a si mesmo e ao semelhante, união e responsabilidade. Repensar seu negócio, criar novas soluções, atender às expectativas dos consumidores. Inovar! Vamos vencer essa crise, como fizemos diante de tantas outras que nos têm afligido desde sempre. Mas não será entrando no pandemônio que sairemos da pandemia. Lucidez, já!

QUANDO A PANDEMIA PASSAR

Em meio à prioritária luta pela preservação da vida, travada na linha de frente da ciência médica, buscam-se soluções para a sobrevivência da economia. Além de vidas é preciso salvar empresas, empregos, investimentos, tributos, retomar o nível de atividade após o domínio da covid-19. Na pandemia, a única certeza é de que tudo é incerto.

Depois que o furacão passar, o mundo não será o mesmo. Algumas transformações, que estavam em andamento, deverão ser aceleradas, incluindo o uso de meios digitais, a intensificação do *e-commerce* e de tecnologias voltadas ao aprimoramento da qualidade e produtividade. No setor de serviços, entre outros, comprovou-se a viabilidade do *home office*, até com mais resultados.

Na agricultura de precisão, que contribui para racionalizar o uso seguro de fertilizantes e defensivos, essas mudanças não serão na mesma velocidade em todas as nações e, até mesmo, dentro de países como o Brasil, com assimetrias regionais. Deve-se levar em conta a questão da governança, distinta entre as empresas de maior porte e o grande número de produtores familiares. Em muitos casos, o tipo de gestão e os que comandam seguem modelos tradicionais. Aos poucos, vão sendo influenciados e aprendendo com os jovens, que agregam conhecimento acadêmico e *expertise* em tecnologias e práticas modernas.

Na área da Saúde, há um ponto muito importante que a pandemia provou necessário: o prontuário digital. Esse avanço possibilita ao paciente e a qualquer médico que o esteja atendendo terem acesso aos dados clínicos em qualquer lugar do País ou do planeta. É fundamental que os profissionais que assistem um paciente possam acessar todas as suas informações de saúde, incluindo eventuais comorbidades que podem agravar a covid-19. O prontuário digital facilita e direciona o tratamento desde o início, ajuda a salvar vidas.

Por outro lado, como a humanidade está enfrentando um "inimigo" desconhecido, que a ataca há pouco mais de seis meses, é cedo para análises conclusivas do que vá acontecer após a pandemia. Algumas tendências de mudanças parecem adequadas e começam a ser levadas em conta. A digitalização, antes opcional e importante, torna-se irreversível e decisiva.

Algo muito visível está nas empresas de todos os segmentos que estão conseguindo atender bem nesse momento. Elas deverão sair fortalecidas dessa crise, com boas perspectivas de crescer, fidelizar clientes e conquistar novos. A covid-19 está mostrando com maior clareza também o caráter das organizações.

Algumas lutam para manter colaboradores, investir em qualidade, preservar o bom atendimento e a prestação de serviços de qualidade. Estas veem a pandemia como um momento de empenho coletivo e oportunidade de crescer na produtividade pela sinergia e liderança agregadora, participar de uma corrente ampla em prol do interesse coletivo.

Outras veem a crise como chance para ajustar o quadro atual à demanda reduzida, diminuir qualidade, aumentar preços, menosprezar a entrega de bons produtos e serviços e exigir mais resultados como ação unilateral, descolocada do interesse geral na luta pela sobrevivência. Estas, por miopia empreendedora, estão se descapitalizando de algo em que investiram por anos: os recursos humanos, seu mais valioso patrimônio. Terão mais dificuldades para se recompor depois da crise.

O momento é de muita sensibilidade, ou seja, de extrema valorização de quem está ao lado da sociedade, do cliente, do fornecedor, dos parceiros e dos próprios colaboradores. Empresas que souberem entender esses aspectos e atender ao que se espera de organizações éticas sairão fortalecidas da pandemia.

Outro aspecto que parece caminhar para mudança mais profunda é a horizontalização da produção. Esse conceito, difundido e desenvolvido desde que a Era Digital intensificou a globalização nos anos 1980, deverá ser revisto. A crise mostrou que a dependência de insumos, matérias-primas e produtos e/ou componentes de outros países coloca várias cadeias de suprimentos em risco. É provável, assim, que as indústrias busquem um reposicionamento, com uma estrutura de produção mais autossuficiente no contexto de cada país e menos dependente de fornecedores externos. Surgem aí numerosas oportunidades para segmentos fornecedores de matéria-prima, peças, componentes e serviços para fábricas de bens de consumo e de capital, bem como na agroindústria.

A história demonstra que a civilização aprende pouco e esquece com rapidez os problemas depois das crises. Portanto, é preciso estar atento, quando a ciência solucionar o desafio biológico do novo coronavírus, o que certamente ocorrerá, a como as pessoas e as empresas emergirão: será aprendida a dura lição, ou retornarão à "normalidade" como se nada tivesse ocorrido? Se a maioria do setor produtivo vislumbrar um mundo com mais competição e liberalismo, em um momento em que a maior parte da população parece esperar mais cooperação e solidariedade dos donos do capital, teremos perdido a histórica oportunidade de evoluir para melhor.

TESTAMENTO DO FUTURO

Desde o início da pandemia causada pelo novo coronavírus, ouvimos alguém dizer que vai passar e que, depois da tragédia, tudo voltará ao normal, exatamente como era antes. É preciso parar com isso. Pelo contrário, cabe-nos a mais pura e simples consciência dessa nova realidade que não deve ser mudada, muito menos para pior.

A pandemia é um mal que, apesar das irreparáveis perdas, trouxe algum bem. Muita coisa mudou em relação a como sempre deveria ter sido. Vejamos, de maneira cartesiana e justa com os fatos, o que a crise tem ensinado. União familiar em torno da mesa para as refeições, e todos ajudando a lavar a louça depois. Há menos poluição, o céu está mais limpo, as águas e a terra idem. Os índices de furtos e roubos estão abaixo das médias anteriores. O trânsito ficou civilizado, acidentes e mortes registram os mais baixos números de todos os tempos.

Trabalhadores antes invisíveis, não valorizados, agora merecem aplausos por seus desempenhos. Os chamados "lixeiros" tornaram-se "coletores" e recebem o respeito dos cidadãos que, ao contrário do passado, empacotam resíduos de maneira correta e os colocam nas portas no exato horário da coleta. Melhor, esperam o caminhão passar e cumprimentam, com gratidão, os profissionais da limpeza pública.

Nas diferentes unidades de atendimento do SUS, nas clínicas e nos hospitais, todos os serventes, recepcionistas, motoristas de ambulâncias, enfermeiros, laboratoristas, técnicos de imagem, nutricionistas, paramédicos e médicos passaram a merecer o mais emocionado reconhecimento. E também os balconistas e os farmacêuticos das drogarias, os atendentes, os repositores e os caixas dos supermercados.

Os cozinheiros dos restaurantes, até então apenas atrás dos renomados chefes, hoje também são lembrados nos pratos que fazem para viagem. Os ciclistas e os motoqueiros que entregam alimentos prontos e compras de supermercado são bem tratados por todos os que dependem de sua atuação, confinados que estão em suas casas pelas recomendações das autoridades. Empregadas domésticas, motoristas, jardineiros, especialistas em elétrica, hidráulica, eletrônica, serralheria e outros serviços técnicos são admirados como nunca, afinal ficou bem claro quem faz tudo isso.

As milhares de pessoas que atuam na indústria têxtil e de confecções, no momento mais dedicadas à produção de máscaras, foram descobertas pela maioria da sociedade. Os trabalhadores rurais que produzem alimentos, a cada pedaço de fruta, prato de arroz e feijão, verdura e legume, qualquer tipo de carne, são referenciados com carinho. E os caminhoneiros, aqueles mesmos da greve de 2018 na denominada Crise do *Diesel*, então estigmatizados por saírem do anonimato e defenderem seus direitos, ressurgem na relevância do seu ofício.

Alguns políticos ainda batem boca, gerando inoportunas polêmicas, empenhados em demonstrar supostos méritos, esquecendo-se das suas responsabilidades para com a população, mas sempre de olho nas próximas eleições. Entretanto, por incrível que pareça, em alguns parlamentos do País foram aprovadas reduções de salários e benefícios. Outro avanço que não deve retroagir no futuro.

A grande maioria da sociedade, de empresários aos mais simples cidadãos, está mostrando – na prática e não no discurso – a índole do brasileiro. Temos sido generosos, solidários, participativos na luta para evitar mais mortes e miséria econômica. É claro que ainda há muito a mudar, a aprender com as lições da pandemia. Entretanto, é preciso preservar todas as conquistas que a grave dor das perdas trouxe a todos nós, ao País.

Para o futuro, queremos deixar um testamento com o que de melhor surgiu de nós mesmos frente ao desafio da pandemia. Nada de "voltar à normalidade, e tudo ser como era antes". Vamos manter cada uma dessas conquistas, e que outras mais aconteçam e se tornem parte real de nossas vidas. Por você, por nós, pelo Brasil!

FRÁGIL DEMOCRACIA

Quem assistiu à *Ópera dos Três Vinténs*, de Bertolt Brecht e Kurt Weill, pode traçar um paralelo da "República de Weimar", na Alemanha dos anos 1920, com a atual democracia brasileira. Ambas frágeis e dominadas por grupos rebeldes. Na Alemanha havia os monarquistas, os nacionalistas, os comunistas, os democratas e os oportunistas de plantão que, aproveitando a efervescência causada pelos demais, corrompiam o país que contrastava a miséria de muitos com a riqueza de poucos.

No Brasil temos, há décadas, uma sociedade que se frustra eleições após eleições. Nada pior que desesperança para dar espaço aos radicais, de qualquer ideologia, como também aos oportunistas. Desde a República, faz mais de 130 anos, ironicamente o que menos tivemos foram governantes republicanos. Decepções com "salvadores da Pátria" foram sucessivas: Getúlio; Jânio; Collor; Lula.

Quanta esperança frustrada. Reformas sempre prometidas foram sempre postergadas. Quantas justas expectativas jamais aconteceram de modo pleno. O que tivemos? Corrupção, desmando, fisiologismo, insegurança política e social. Muitos problemas que impediram o desenvolvimento.

Jair Bolsonaro foi a mais recente esperança para gerações de brasileiros que desconhecem a plena democracia. Porque quando faltam direitos básicos, mesmo com liberdade, inexiste legítimo estado democrático. Impedir corrupção, embora relevante, não é o único dever do presidente, mesmo que seus antecessores não o tenham cumprido. E demais compromissos? Educação, por exemplo, ainda não mereceu deste governo o cuidado que exige como garantia de liberdade e progresso.

O novo "salvador da Pátria" usa *slogans* semelhantes aos do nazismo: *Deutschland über alles* ("Alemanha acima de tudo"). Ou ainda, como disse Adolf Hitler no livro *Minha luta*: "O que a maioria quer é a vitória dos mais fortes e o aniquilamento ou a captação incondicional dos mais fracos", que Bolsonaro repete: "Vamos fazer o Brasil para as maiorias; as minorias têm que se curvar às maiorias. As leis devem existir para defender as maiorias; as minorias se adequam ou simplesmente desapareçam…".

Não podemos deixar o Brasil cair no obscuro radicalismo, seja de qual ideologia for. O presidente parece buscar saída honrosa para se livrar de um desafio para o qual descobriu não estar preparado. Faz oposição a si mesmo, busca ser vítima de *impeachment* para deixar o poder como "herói". Quem sabe tenha plano para ser o "Jânio que deu certo"? Sair para voltar nos braços do povo, realizar o sonho de ser "dono" do País. Governar sem os demais poderes que não respeita, pois apoia manifestações contra eles ao arrepio da Constituição.

No Brasil, as consequências da covid-19 somam-se às crises política e econômica em um país dividido: os "contra", os "a favor" e os oportunistas. Exatamente como na frágil democracia alemã da República de Weimar, que, registra a História, não acabou bem. Queremos um País com paz, união, respeito e trabalho. Como disse o saudoso publicitário Carlito Maia: "Nós não precisamos de muita coisa. Só precisamos uns dos outros. Acordem e progresso!".

O DESAFIO DE EDUCAR

O francês Jacques Delors tem 95 anos. De origem humilde, formou-se em Economia pela Sorbonne e, após a Segunda Guerra Mundial, trabalhou como bancário. Foi ministro da Economia e Finanças da França e um dos principais autores do Tratado de Maastricht, que desenhou a criação da União Europeia (UE). Presidiu a Comissão Europeia entre 1985 e 1995, indicado pelo conterrâneo François Mitterrand e pelo alemão Helmut Kohl. De 1992 a 1996, presidiu a Comissão Internacional sobre Educação para o século XXI, da Unesco. Nesse período, foi autor do relatório "Educação, um tesouro a descobrir", em que se definem os "Quatro pilares da Educação".

"À educação cabe fornecer, de algum modo, os mapas de um mundo complexo e constantemente agitado e, ao mesmo tempo, a bússola que permite navegar através dele", afirmou Delors, doutor pela Universidade de Lisboa, Portugal.

Durante seu trabalho na Unesco, o economista que se tornou um grande educador apontou como principal consequência da sociedade do conhecimento a necessária aprendizagem ao longo de toda a vida, fundamentada em quatro pilares, que são, a um só e mesmo tempo, do conhecimento e da formação continuada. Esses pilares, os saberes e as competências, são apresentados aparentemente divididos. Entretanto, as quatro vias estão interligadas em perfeita sinergia com um objetivo único: a formação holística do indivíduo.

São os pilares de Delors: Aprender a conhecer – Porque é necessário tornar prazeroso o ato de compreender, descobrir, construir e reconstruir o conhecimento para que não seja efêmero, para que se mantenha ao longo do tempo e para que valorize a curiosidade, a autonomia e a atenção de modo constante. É preciso, também, pensar o novo, reconstruir o velho e reinventar o pensar. Fugir do "mais do mesmo".

Aprender a fazer – Não basta preparar-se com cuidados para se inserir no setor do trabalho. A rápida evolução por que passam as profissões pede que o indivíduo esteja apto a enfrentar novas situações de emprego e a trabalhar em equipe, desenvolvendo espírito cooperativo e de humildade na reelaboração conceitual e nas trocas, valores necessários ao trabalho coletivo. Ter iniciativa e intuição, gostar de certa dose de risco, saber comunicar-se, resolver conflitos e ser flexível.

Aprender a conviver – No mundo atual, este é um importantíssimo aprendizado. É valorizado quem aprende a viver com os outros, a compreendê-los, a desenvolver a percepção de interdependência, a administrar conflitos, a participar de projetos comuns, a ter prazer no esforço comum.

Aprender a ser – É importante desenvolver sensibilidade, sentido ético e estético, responsabilidade pessoal, pensamento autônomo e crítico, imaginação, criatividade, iniciativa e crescimento integral da pessoa em relação à inteligência. A aprendizagem precisa ser integral, não negligenciando nenhuma das potencialidades de cada indivíduo.

Com base nessa visão dos quatro pilares do conhecimento, podem-se prever grandes consequências na educação. O ensino-aprendizagem voltado apenas para a absorção de conhecimento e que tem sido objeto de preocupação constante dos professores deverá dar lugar ao ensinar a pensar, ao saber comunicar-se e pesquisar, ao ter raciocínio lógico, fazer sínteses e elaborações teóricas, ao ser independente e autônomo; enfim, ao ser socialmente capaz.

Teria imaginado tudo isso alguém que não tivesse lutado para vencer na vida? Uma pessoa que não tivesse sido salva da pobreza pela educação? Não sei. Jacques Delors uniu a consciência do poder libertador do aprender ao conhecimento que, por mérito próprio, soube conquistar para sua carreira. Economista e professor estabeleceu ponte lógica entre a formação de qualidade e o mercado de trabalho. Foi teórico e prático na concepção de seus pilares da educação, respeitados e adotados em todo o mundo. Delors é uma das figuras internacionais que transcendeu as oportunidades políticas, abandonou o pensamento individual e abraçou o compromisso com o interesse coletivo. Recebeu prêmios e honrarias de vários países.

O sucesso da educação no Brasil depende apenas de nós mesmos. De nossas escolhas a cada nova eleição para que sejam criadas e realizadas políticas públicas responsáveis e de qualidade. Caminhos que nos garantam um futuro melhor, mais justo e capaz.

ENTRE O CÉU E A TERRA

Há 14 anos morreu, em 27 de agosto, Dom Luciano Mendes de Almeida, bispo jesuíta. Sempre o conheci. Primeiro de sobrenome, porque nossas famílias são cariocas e tiveram presença marcante no Direito, na Igreja Católica e na Literatura. Depois, porque estudamos no respeitado Colégio Santo Inácio, em Botafogo, na Zona Sul do Rio de Janeiro. Ele, 19 anos mais velho do que eu, era um exemplo citado com frequência pelos mestres aos alunos que passavam pelos mesmos bancos do tradicional prédio da Rua São Clemente. Dom Luciano foi primeiro aluno durante toda a vida escolar e universitária.

Por fim, porque o destino tratou de nos aproximar nos anos duros após o golpe militar de 1968, quando eu, ainda jovem, tornei-me ativista político e ele era um ser especial caminhando firme pelas ruas, presídios, quartéis, tentando proteger e defender os que resistiam e lutavam pela legalidade constitucional, contra a censura, pela democracia, contra a opressão, pela liberdade.

Dom Luciano não era um padre, não foi um bispo, muito menos chegou a cardeal tolhido pela intolerância da ala conservadora da Igreja Católica, que nunca o compreendeu e o perseguiu, muitas vezes contando com o apoio de influentes governantes. Dom Luciano foi um anjo. E na mais absoluta expressão da palavra. Um dos mais claros exemplos de vocação religiosa cristã, ele transcendeu os limites da fé e alcançou um plano muito além da doutrina e da crença.

No final dos anos 1980, quando eleito pela primeira vez para presidente da Conferência Nacional dos Bispos do Brasil (CNBB), a entidade maior da Igreja Católica no País, Dom Luciano disse à imprensa qual era sua ideia para o exercício do cargo:

> *Peço a Deus atuar na conversão dos homens, do egoísmo ao verdadeiro amor, sem conformismo e sem a impaciência dos violentos, para que as estruturas e a convivência humana correspondam cada vez mais à dignidade dos filhos de Deus.*

Entre tantos repórteres presentes à entrevista coletiva, talvez eu fosse um dos poucos a entender, de maneira ampla, a imensa verdade que estava nessas suas palavras ditas muito mais como quem reza do que como quem discursa. Um linguajar de quem pratica o exemplo de Cristo e é arauto da mensagem principal da Bíblia: o amor ao próximo – no caso de Dom Luciano, muito além do que a si mesmo.

Anos antes, em 1981, pude acompanhar de perto a atuação do anjo na periferia de São Paulo, na sofrida Zona Leste, quando foi bispo auxiliar de Dom Paulo Evaristo Arns. Dom Luciano sempre dormia e comia pouco. Dom Paulo me apresentou Dom Luciano, um ser de corpo alquebrado, voz mansa e sorriso doce. No começo, ele parecia-me estranho. Nas reuniões com as comunidades de base, em meio às discussões mais acaloradas, permanecia de olhos fechados, com o braço apoiado na mesa e a mão segurando a cabeça. Muitas vezes, até dava uma ressonada.

De repente, abria os olhos e lançava um olhar profundo, pedia a palavra e comentava com absoluta precisão e oportunidade todos os assuntos tratados enquanto estivera "dormindo". O importante é que Dom Luciano foi sempre firme na defesa de suas ideias, entre as quais emergia com toda a força a defesa dos direitos humanos, da ética e da responsabilidade social. Foi um dos mais severos críticos da opressão, sob qualquer forma.

Uma vez, no cinturão pobre da cidade de São Paulo, Dom Luciano e alguns repórteres, entre os quais eu me encontrava, foram alvos de pedradas dos moradores do entorno de uma área invadida e transformada numa espécie de favela. Os mais "ricos" não queriam ser contaminados pelos vizinhos mais "pobres". Dom Luciano, com absoluta calma e sob a autoridade da fé, soube acalmar os revoltosos, a Polícia Militar, as vítimas e, com todos reunidos à sua volta, num misto de diplomata, sábio e anjo, falou sobre intransigência e respeito. Resolveu o problema.

Quando na Pastoral do Menor, Dom Luciano varou noites frias e úmidas de inverno percorrendo as ruas em busca de recolher e abrigar crianças e adolescentes abandonados à própria sorte. Distribuiu amor e amealhou enfermidades. Foi vítima de um violento acidente automobilístico que lhe deixou graves sequelas, mais tarde contraiu hepatite C e, por fim, não resistiu a um câncer fulminante. Um santo guerreiro.

Para sempre guardarei na memória quando Dom Luciano, olhando firme nos olhos de um colega, perguntou: "Soube que você é ateu, é verdade?". Diante da resposta afirmativa de que o jornalista não acreditava em Deus, com um sorriso, disse: "Não faz mal, Ele acredita em você!".

Como dizia Madre Tereza de Calcutá, repetindo Confúcio: "A palavra convence, o exemplo arrasta". Dom Luciano Mendes de Almeida encontra-se em processo de beatificação pelo Vaticano, passo inicial para sua canonização.

TRANSBORDAMENTO

Há exatos 80 anos, na cidade de Montevidéu, no Uruguai, nascia em 3 de setembro um menino ao qual seus pais, descendentes de uma elite agrícola católica, batizaram com o imponente nome de Eduardo Germán María Hughes Galeano.

Desde pequeno, Eduardo Galeano, como mais tarde se tornou conhecido mundialmente, sentiu-se atraído por assuntos populares como religião, futebol e política. Pensou em ser padre, era craque na bola, desenhava bem (trabalhou como criador de letreiros) e, aos 14 anos, vendeu uma charge política para o jornal *El Sol*. Não poderia ser diferente, apaixonou-se ao ver o seu trabalho criativo impresso no papel e decidiu ser jornalista. Com o tempo, acumulando tantas histórias, tornou-se também escritor.

No começo dos anos 1960, Eduardo Galeano foi editor do jornal semanal *Marcha*, no qual colaboraram outros dois grandes nomes da literatura, o poeta uruguaio Mario Benedetti e o romancista peruano Mario Vargas Llosa. Foi também editor do importante diário uruguaio *Época*.

Perseguido em seu país quando do golpe militar, em 1973, esteve preso e foi incluído em lista do famigerado "Esquadrão da Morte" – grupo de extermínio de opositores ao regime. Eduardo Galeano exilou-se na Argentina e na Espanha. Voltou ao Uruguai na redemocratização, em 1985, e lá ficou até morrer de câncer generalizado em 2015.

Seu mais importante livro, que o tornou conhecido e admirado internacionalmente, é *As veias abertas da América Latina*. Obra polêmica lançada em 1971 e tida como importante posicionamento de esquerda, muitos anos depois, na 2ª Bienal do Livro e da Leitura, em Brasília (DF), aqui no Brasil, mereceu uma explicação do autor: "*Veias abertas* pretendia ser um livro de economia política, mas eu não tinha o treinamento e o preparo necessários". E, para surpresa de todos, eu estava lá e não me esqueço do momento, confidenciou: "Eu não seria capaz de reler esse livro; cairia dormindo. Para mim, essa prosa da esquerda tradicional é extremamente árida, e meu físico já não a tolera".

A declaração foi destaque na imprensa, intelectuais de esquerda se mostraram indignados com a mudança nas convicções políticas do respeitado jornalista e escritor que tanto sofrera por suas corajosas posições ideológicas. Mais tarde, em uma entrevista, Galeano deixou claro:

> *O livro, escrito há tanto tempo, continua vivo e saudável. Apenas sou honesto o bastante para admitir que neste ponto de minha vida o velho estilo de escrita me soa por demais pesado, e que é difícil me reconhecer nele, já que prefiro agora ser cada vez mais breve e fluente.*

E, para eliminar qualquer tipo de ilação, afirmou: "As vozes que se levantaram contra mim e contra *As veias abertas da América Latina* estão seriamente enfermas e agem de má-fé".

Seus textos têm estilo único, e podem ser observados vários gêneros literários que convivem em perfeita harmonia na mesma obra: narrativa, ensaio, poesia e crônica, despertando encantamento nos leitores. Para lembrar o talento de Eduardo Galeano, neste seu aniversário, busquei a magia de um pequeno conto extraído de *O livro dos abraços*, da editora L&PM (1997), traduzido por Eric Nepomuceno:

> *Diego não conhecia o mar. O pai, Santiago Kovakloff, levou-o para que descobrisse o mar. Viajaram para o Sul. Ele, o mar, estava do outro lado das dunas altas, esperando. Quando o menino e o pai enfim alcançaram aquelas alturas de areia, depois de muito caminhar, o mar estava na frente de seus olhos. E foi tanta a imensidão do mar, e tanto seu fulgor, que o menino ficou mudo de beleza. E quando finalmente conseguiu falar, tremendo, gaguejando, pediu ao pai: Pai, me ensina a olhar!*

Nos dias de hoje, nada mais importante do que aprender a olhar com respeito a grandeza das coisas.

AMÉM OU AMEM-SE?

Jihad é uma ação que integra o conceito de "guerra santa". Pode ter diferentes interpretações, que vão desde um ato jurídico, passando por princípio religioso até a prática de terrorismo. O termo tornou-se popular no mundo em razão de grupos fundamentalistas islamistas.

Nos primeiros séculos do islã, o *jihad* era parte de uma ideologia imperialista árabe de conquista. Mais tarde, tornou-se universalista na expansão e defesa da fé professada pela sua comunidade e, mais recentemente, constituiu-se em elemento filosófico da luta armada nacionalista contra os colonizadores. Por fim, um elemento de luta espiritual na prática da guerrilha em nome de Deus. A rigor, um modo de vida e missão moral.

Há 19 anos, em 11 de setembro de 2001, a Al-Qaeda (que significa "alicerce", "base") – organização fundamentalista islâmica criada nos anos 1980 por Osama bin Laden e outros líderes – sequestrou aviões comerciais lançando-os contra as Torres Gêmeas e o Pentágono, nos Estados Unidos. Morreram milhares de pessoas.

Planejadas sob a astuta estratégia inserida no conceito de *jihad*, as ações envolveram 19 terroristas bem treinados pela Al-Qaeda. Os primeiros alvos dos terroristas, no que se tornou conhecido como "11 de Setembro", foram as Torres Gêmeas, parte do complexo do World Trade Center (WTC), em Nova York. Os terroristas embarcaram em quatro voos diferentes que partiram da Costa Leste dos Estados com destino à Califórnia. Os aviões pertenciam à American Airlines e à United Airlines. Dois deles colidiram contra as torres Norte e Sul, outro contra o Pentágono (sede do Departamento de Defesa norte-americano) e o último, cujo destino era o Capitólio (que abriga o Senado e a Câmara), caiu antes de atingir o alvo, estes dois últimos locais em Washington.

O World Trade Center era um complexo formado por sete edifícios, sendo as Torres Gêmeas os mais conhecidos entre eles. Inaugurado em 1973, era um dos cartões-postais de Nova York. O conjunto ficava no centro financeiro da cidade e, no momento do ataque, aproximadamente 15 mil pessoas estavam nas torres. O avião lançado contra o Pentágono causou a morte de 125 pessoas.

Logo após o ataque à primeira torre, a imprensa já havia se mobilizado. No momento em que a segunda torre foi atacada, as imagens transmitidas "ao vivo" pela TV alcançaram o mundo. A cobertura jornalística das consequências dos ataques acompanhou o trabalho de resgate e o incêndio que atingiu os alvos. As Torres Gêmeas desmoronaram criando uma onda de fumaça e terror por centenas de metros ao redor.

Realizado o trabalho de contagem das vítimas, dias depois, os atentados resultaram em 2.996 mortes, das quais 2.606 foram de pessoas em Nova York, 125 em Washington, 246 dentro dos aviões (tripulação e passageiros inclusos). E, por fim, soma-se também a morte dos 19 terroristas que atuaram nos ataques.

Fato interessante para um país de reconhecido poderio bélico e grande estrutura de defesa, o "11 de Setembro" foi o primeiro grande ataque que os Estados Unidos sofreram em seu território desde o realizado pelo Japão contra a base naval de Pearl Harbor, em 1941. Depois desses atentados, as normas de segurança de voos comerciais tornaram-se extremamente rígidas, e o país tomou severas medidas para combater o terrorismo. Por essa razão, foi criada uma lei chamada de Ato Patriota, que, posteriormente, foi substituída pelo *USA Freedom Act*.

Osama bin Laden foi morto por uma ação norte-americana em Abbottabad (Paquistão), em 2 de maio de 2011. Outro articulador do atentado, Khalid Sheikh Mohammed, está preso à espera de julgamento. É possível considerar que o grande motivo do ataque foi o extremismo de Laden e seus comandados. Eles consideravam os Estados Unidos um grande inimigo em razão da presença de tropas americanas no Oriente Médio. Laden foi um instrumento dos Estados Unidos na Guerra Fria contra a União Soviética. Mais tarde, a criatura voltou-se contra o criador...

Os americanos passaram a apoiar grupos reacionários do interior do país, que recebiam dinheiro e armas dos Estados Unidos. Esses grupos, conhecidos como *mujahidin* ("guerreiro santo") convocaram um *jihad* contra os soviéticos – depois que o Afeganistão foi invadido pela ex-União Soviética – e começaram a defender ideias conservadoras, o que resultou em fundamentalismo islâmico. No curso da guerra, Bin Laden foi convocado a aderir à luta armada e, por isso, mudou-se para o Afeganistão.

No final da década de 1980, Bin Laden ampliou o combate contra os "infiéis" fora do Afeganistão e, assim, participou da criação da Al-Qaeda. Até essa época, a relação dele com os americanos era ótima, mas veio a Guerra do Golfo e tudo mudou. Em 1990, o Kuwait foi invadido pelo Iraque, e a família real kuwaitiana foi abrigada em Riad, capital da Arábia Saudita. A situação azedou as relações entre sauditas e iraquianos e criou a possibilidade de invasão do território saudita pelas tropas iraquianas. Bin Laden, aproveitando-se disso, ofertou ao governo saudita suas tropas (da Al-Qaeda) para proteger o território da Arábia.

Os sauditas, por sua vez, recusaram o apoio de Bin Laden e aceitaram a ajuda dos norte-americanos. Laden considerou isso uma ofensa, afirmando ser um sacrilégio o fato de "infiéis" protegerem o solo sagrado da Arábia Saudita. Vale dizer que Osama bin Laden era de família nobre e rica, próxima da corte saudita. Ele afirmava que o solo pátrio estava sendo profanado. Assim, passou a nutrir um ódio profundo pelos Estados Unidos. Essa situação levou Bin Laden a ser expulso da Arábia Saudita, refugiando-se no Sudão e, depois, no Afeganistão – local onde a Al-Qaeda organizou o ataque contra os Estados Unidos como forma de vingança.

Em outubro de 2001, tropas americanas invadiram o Afeganistão com o objetivo de derrubar o Talibã do poder. O atentado de 11 de Setembro gerou grande comoção nos Estados Unidos, e o revide do governo norte-americano foi imediato. Em outubro de 2001, o exército americano iniciou a invasão do Afeganistão. O objetivo era derrubar o Talibã, o governo (também de orientação fundamentalista) que havia dado abrigo à Al-Qaeda.

A invasão derrubou o Talibã, mas até este 2020, não normalizou a situação do país. Barack Obama havia prometido, em campanha para a presidência dos Estados Unidos, retirar as tropas norte-americanas do Afeganistão, mas não cumpriu. Ainda há combates no Afeganistão contra tropas do Talibã, que procura recuperar o poder. E segue a presença de tropas norte-americanas no conflito mais longo da história dos Estados Unidos. A consequência dessa guerra para o Afeganistão foi que, entre 2001 e 2016, só entre civis, aproximadamente 31 mil pessoas já morreram.

Por fim, o 11 de setembro de 2020, em plena luta contra a pandemia da covid-19 e suas tristes consequências, permite-nos refletir sobre o que disse o filósofo iluminista francês François-Marie Arouet, conhecido pelo pseudônimo de Voltaire: "O curioso da guerra é que cada chefe de assassinos faz abençoar suas bandeiras e invoca solenemente a Deus antes de lançar-se a exterminar o seu próximo".

Amém ou amem-se?

COMO QUEIMAR LIVROS COM TRIBUTOS

Em razão de crise crônica na economia, que desde 2008 vem vitimando alguns setores produtivos no Brasil, o mercado editorial perdeu, entre 2006 e 2018, cerca de 20% do seu faturamento. Essa realidade tem fechado tradicionais editoras e livrarias em todos os estados, gerando consequências danosas às atividades da cadeia produtiva formada por escritores, tradutores, revisores, ilustradores, capistas, diagramadores, editores e livreiros – e os vários empregos que geram estes dois últimos segmentos.

A pandemia agravou ainda mais o problema, e, como se já não bastasse a difícil situação, no fim do mês passado, o ministro da Economia, Paulo Guedes, enviou ao Congresso Nacional proposta de Reforma Tributária que, entre outras coisas, prevê a cobrança de impostos sobre os livros. Desde a

Constituição Federal de 1946, o produto é isento de tributação por emenda constitucional proposta por um autor brasileiro de prestígio nacional e internacional, já à época: Jorge Amado, então deputado constituinte pelo PCB da Bahia. Anos mais tarde, a Carta Magna de 1988 manteve o dispositivo como garantia de promoção do hábito da leitura e desenvolvimento da educação, entendendo que o livro é também ferramenta do processo didático.

A isenção, entretanto, não se aplicava aos chamados tributos de contribuição, como o PIS e o Cofins, que incidem sobre bens e serviços. Apenas em 2004, o mercado editorial brasileiro conseguiu ser desonerado do pagamento desses dois impostos, que pela nova proposta do governo Bolsonaro seriam substituídos pela Contribuição Social sobre Operações com Bens e Serviços (CBS). De acordo com o próprio ministro Guedes, a alíquota desse novo imposto seria de 12%, e contemplaria os livros.

Para a International Publishers Association (IPA), entidade dos editores em nível mundial, "O livro não é uma *commodity* como qualquer outra: é um ativo estratégico para a economia criativa, que facilita a mobilidade social assim como o crescimento pessoal e traz a médio prazo benefícios sociais, culturais e econômicos para a sociedade". A entidade entende que a incidência tributária, de qualquer tipo e por menor que seja, afetará sensivelmente a produção de novos títulos, em especial dos textos acadêmicos em geral menos comerciais. A isenção de impostos sobre o livro permite que os países emergentes, como o Brasil, tenham programas de hábito da leitura e evoluam nos campos culturais e educacionais.

Os dados mais recentes, colhidos em 134 países e divulgados no ano de 2019 pela mesma IPA, mostram que em 53 nações (40%) os consumidores não pagam nenhum valor de IVA no preço final dos livros, contra 49 países (37%) que aplicam taxações reduzidas sobre o produto. Na América Latina, praticamente todos os países isentam o livro de impostos e taxas, excetuando o Chile. Já na Europa e na Ásia existe o IVA, também reduzido, para a produção editorial.

Livros têm poder. Ao mesmo tempo que garantem liberdade, geram independência e permitem reflexão e posicionamento, assim assustam certo tipo de políticos e governantes. Povo culto e educado, bem informado, costuma reagir contra autoritarismo, censura, discriminação, violência, preconceito, domínio de qualquer espécie. Há, na História da Humanidade, vários casos de livros queimados como eram igualmente mortas as "bruxas", no período da Inquisição. Aliás, esse lamentável momento histórico foi responsável pelo extermínio de uma grande quantidade de livros, em queima não somente das obras, mas, muitas vezes, também de escritores que eram "bruxos" apenas na magia da criação. Como disse o poeta alemão, Heinrich Heine: "Onde se queimam livros, acaba-se queimando pessoas".

No período do Nazismo, na Alemanha, vários livros de autores perseguidos foram queimados em praça pública: Thomas Mann, Sigmund Freud, Albert Einstein, Karl Marx. Na Dinastia Chin, na China, em 213 a.C., foram incendiados milhares de livros. E, mais tarde, nesse mesmo país, quando da Revolução Cultural de Mao Tsé-Tung, outras tantas obras igualmente arderam nas chamas da intolerância. Por ordens do faraó Akhnatón, que sucedeu Ramsés II no Egito, centenas de papiros foram queimados por abordarem espectros e demiurgos, extinguindo-se aproximadamente 75% da literatura então existente. Aliás, no mesmo Egito, foi destruída a biblioteca de Alexandria.

Nos Estados Unidos, sob suposta acusação de pornografia, o Departamento de Estado queimou livros do psicanalista austríaco Wilhelm Reich, porque o cientista debatia as reações causadas pelo sexo em suas obras. Em 2012, soldados incendiaram exemplares do Alcorão em uma base americana. Em 1153, com a conversão das Maldivas ao Islá, além da decapitação dos monges, uma grande quantidade de escritos sobre o Budismo foram incinerados. Entre 1536 e 1550 um desentendimento envolvendo Henrique VIII e o Papa Clemente VII resultou na queima de textos católicos, acabando em cinzas, com cerca de 300 mil volumes. Pois é, isso mesmo, no elegante Reino Unido, que, mais tarde, também queimou cerca de 30 mil livros no episódio "Escola Hertford", um intolerante ataque às obras que abordavam temas homossexuais.

Em episódio denominado "A fogueira das vaidades", na Itália, partidários do religioso católico Girolamo Savonarola queimaram livros e peças artísticas porque havia neles o perigo de incitar o povo ao pecado da vaidade. E livros também foram queimados pelo ódio em outros lugares: México, Rússia, Camboja, Afeganistão, Chile, Portugal, Chechênia, Espanha e no conflito árabe-israelense. Por ironia da história, o livro que teve origem em 3000/4000 a.C. na Luméria, Mesopotâmia, hoje centro-sul do Iraque, também foi queimado nas praças da capital do país, Bagdá, no domínio do ditador Saddam Hussein, entre 1979 a 2003.

No Brasil, o maior expoente da queima pública de livros foi o ditador Getúlio Vargas, que em 1937, no Estado Novo, colocou fogo em toda e qualquer obra literária que pudesse incitar o povo contra sua autoridade. E nessa fúria pirotécnica nacional as principais vítimas foram Jorge Amado, Graciliano Ramos, José Lins do Rêgo e Monteiro Lobato; este último, um "perigoso autor de livros infantojuvenis", que, curiosamente, um pouco antes, havia sido convidado para ser responsável pela Comunicação do mesmo Vargas.

Não exatamente para combater a intolerância, mas sim contra o domínio da televisão que toma leitores de jornais, revistas e livros, o escritor norte-americano Ray Bradbury escreveu *Fahrenheit 451*, lançado em 1953. A obra, que tornou seu autor um ícone da ficção distópica, foi adaptada para o cinema, em 1966, pelo diretor francês François Truffaut, com Oskar Werner e Julie Christe nos papéis principais. O romance antecipa um futuro no qual os livros e as opiniões próprias são considerados antissociais e hedonistas, o pensamento crítico não deve existir. Livros são proibidos e queimados por um regime totalitário. A razão: fazem as pessoas infelizes e improdutivas. O personagem central, Guy Montag (Oskar Werner), trabalha como "bombeiro" – o que na história significa "queimador de livro". O número 451 é a temperatura em graus Fahrenheit da queima do papel, equivalente a 233 graus Celsius.

Caso alguém venha a ser surpreendido lendo, é preso e "reeducado". Quando uma casa com muitos livros é denunciada, são chamados os "bombeiros" para incendiá-la. Montag é um deles. Ao chegar ao local, ele começa a furtar livros para ler escondido. Com a mudança de comportamento, sua mulher Linda (Julie Christe) desconfia e o denuncia. Enquanto isso, ele conhece Clarisse (a mesma Julie Christe), no metrô da cidade. Ela o incentiva à resistência e, quando começa a ser perseguido (e morto, segundo a versão divulgada na TV pelo governo), a companheira o leva à Terra dos Homens-livro, uma comunidade formada por pessoas que memorizam livros. Elas decoram e repetem, em voz alta, os textos dos livros queimados para que não sejam esquecidos, enquanto caminham por uma floresta. A proposta do grupo rebelde é a de republicá-los, quando não forem mais proibidos.

Um diálogo entre Montag e o seu superior no esquadrão de "bombeiros incendiários" exemplifica como os regimes de força cooptam a consciência das pessoas:

– O que faz nas horas de folga, Montag?
– Muita coisa... Corto a grama.
– E se fosse proibido?
– Ficaria olhando crescer, senhor.
– Você tem futuro!

Tirando os raros autores que, por motivos pessoais, deram ordens para que fossem queimados os originais de suas obras, como o poeta francês Arthur Rimbaud e o escritor tcheco Franz Kafka, nada contra o livro se justifica. No caso da proposta do ministro Paulo Guedes, ainda não se trata de censura. Ele apenas acha que "livro é coisa de elite", uma visão pobre de que a literatura não é para todos. Vivemos tempos difíceis, não podemos permitir que tributos queimem livros e impeçam o desenvolvimento.

O RATO ROEU A ROUPA DO REI DE ROMA

Se ele roeu mesmo, ninguém sabe. Mas que a fonoaudiologia usa a palavra para trabalhar a fala das pessoas que têm problemas com a pronúncia da letra "R", isso é verdade. Como também é certo que ninguém gosta de ser chamado de "rato", sinônimo de ladrão. E da pior espécie, pequeno e furtivo, que ataca durante a noite.

Por outro lado, se você é conhecido como "rato de livraria", isso já significa outro *status*. Uma coisa sofisticada, atraente, que remete à intelectualidade. Camundongo, ratazana, rato-preto, rato-de-esgoto, rato-branco, o que importa o tipo? São, todos, ratos que assustam até mesmo os elefantes, um dos maiores animais do planeta.

Ao contrário, se estivermos falando de Mickey Mouse, Bernardo e Bianca, Little Stuart ou, até mesmo, do Topo Gigio (quem ainda se lembra dele?), tudo se torna mais inteligente, terno, afetuoso e engraçado. São alguns dos ratos que, sem entrar em considerações sobre a sua espécie, tornaram-se famosos em todo o mundo.

Os ratos, segundo os limites da ciência, são originários da Ásia e pertencem a 500 espécies. O rato-preto, por exemplo, invadiu a Europa à época das Cruzadas. A ratazana, por sua vez, apareceu nas cortes do Velho Mundo apenas no século XVIII. Todos trouxeram muitos males, graves enfermidades ao homem: peste bubônica, tifo, leptospirose, e por aí vão. Segundo a Organização Mundial da Saúde, ratos podem transmitir aproximadamente 55 doenças.

Em contrapartida, o rato-branco (uma variedade albina) tem – com o sacrifício da própria vida – salvado os humanos de inúmeras doenças. São as cobaias de laboratório, mascotes de cientistas usados para inocular os vírus e pesquisar a melhor maneira de combater seus estragos. Poderíamos denominar o rato-branco como aquela Medida Provisória… "do bem". Mas, é claro, que mesmo assim não deixa de roer o bolso do cidadão de alguma maneira…

Os ratos são incansáveis devoradores. Na falta de qualquer tipo de alimento, comem madeira, borracha, plástico ou praticam o canibalismo com absoluta frieza, comendo-se entre si. De todos os animais, incluindo os racionais, o rato é o que tem a maior capacidade de adaptar-se ao mundo. Ratos vivem nas cidades como ninguém jamais aprendeu, conseguiu – perfeitamente integrados ao meio ambiente.

Na cidade de São Paulo, por exemplo, estimativas apontam que há 15 ratos por habitante humano. Ou seja, são cerca de 160 milhões de ratos na pauliceia desvairada. E ocupam espaço: quando adultos, chegam a medir 50 centímetros de comprimento e a pesar até um quilo. E se amam de maneira intensa, um casal pode ter mais de 200 filhotes em apenas um ano.

Os ratos são responsáveis por 45% dos incêndios de origem desconhecida, 20% dos danos em linhas telefônicas, 31% dos rompimentos de cabos elétricos. Por outro lado, são eles que mantêm a cidade limpa. Verdade! Ágeis e flexíveis, eles entram pelos canos de esgoto, apertadas tubulações, e fazem delas suas rodovias, promovendo um invejável trabalho de desobstrução. Sem eles, haveria ainda mais entupimentos e enchentes, já pensou?

Certa vez, ouvi de um veterinário ilustre, o italiano Angelo Boggio, um dos maiores "ratólogos" deste planeta: "Ratos integram o equilíbrio ambiental. Escorpiões matam e comem ratos. Galinhas comem escorpiões. E nós comemos galinhas". Ufa! Ainda bem que onça não gosta de cidade...

O BÊBADO, O PADRE E A ARTRITE DO PAPA

Em ônibus urbano, um padre senta-se ao lado de um bêbado que, com dificuldade, lê o jornal. De repente, com a voz "empastada", o bêbado pergunta ao padre:

– O senhor sabe o que é artrite?

O padre, de imediato, pensa em aproveitar a oportunidade para dar uma reprimenda no bêbado. E responde:

– É uma doença provocada pela vida pecaminosa e sem regras, com excesso de consumo de álcool, certamente sexo promíscuo, abusos e outras coisas que nem ouso lhe dizer.

O bêbado arregalou os olhos espantado e continuou lendo o jornal.

Algum tempo depois, o padre, achando que tinha sido muito duro com o bêbado, já arrependido, tenta amenizar o duro sermão:

– Há quanto tempo o senhor está com artrite?

– Eu?!... Não, eu não tenho artrite, não senhor. Li aqui no jornal que o Papa é que está com essa doença. Que coisa, não?!

A piada serve para refletir sobre o que estamos vivendo. Observo, depois de meio mandato, a decepção de muitas pessoas com o governo federal. Muitos acreditaram em promessas de campanha, por exemplo, na Economia: redução do déficit público e geração de superávit primário (até 2020); desoneração da folha de pagamentos das empresas; capitalização da Previdência; redução da carga tributária; não aumento de impostos; unificação dos tributos federais; criação do fundo Nacional da Pessoa com Deficiência; implantação do programa da renda mínima; entre outras.

Já na Política, as promessas não cumpridas foram: combate à corrupção; redução do número de ministérios; fim da reeleição para presidente da República; nenhuma parceria com as velhas e novas raposas da política, como as do Centrão; nada de fisiologismo; e por aí seguem.

Como o padre equivocou-se quanto ao bêbado do ônibus, Bolsonaro tem mostrado que os seus eleitores se equivocaram quanto a ele. Porque muitas das críticas feitas pelo atual presidente aos seus antecessores são realidades no presente. Entre "rachadinhas"; filhos e amigos no poder; proximidade com políticos corruptos; não cumprimento de promessas – como na velha política –, ele deixa claro ser apenas "mais do mesmo".

Enquanto continuarmos elegendo oportunistas "salvadores da Pátria" no lugar de verdadeiros estadistas, cairemos na armadilha que a suposição do padre o levou a condenar o bêbado sem pensar no que lhe era mais importante. Afinal, artrite também ataca muitas pessoas que são austeras e bem-comportadas. As aparências enganam.

Não perca tempo com suposições, reflita apenas sobre fatos.

POR VOCÊ, POR NÓS, PELO BRASIL

Em 5 de outubro de 1988, há exatos 32 anos, Ulysses Guimarães, então deputado federal pelo PMDB de São Paulo, presidente da Assembleia Nacional Constituinte, erguia com as duas mãos acima de sua cabeça a nova Constituição do Brasil. Depois de mais de duas décadas sob Regime Militar no poder do País, o que se denominou período de abertura e transição política tinha, na Carta Magna promulgada, sua consolidação. Inaugurava-se uma nova ordem democrática, um novo tempo de liberdade que merecera um importante reforço anos antes, em 1979, com a Lei da Anistia (que beneficiou os dois lados da luta, os "contra" e os "a favor" dos militares).

Dr. Ulysses, o "Senhor Diretas", por justiça estava ali, presente e significativo para a história brasileira, depois de anos de responsável luta contra a ditadura imposta ao Brasil após o golpe de 1964, um desrespeito à Constituição. Ele levantou o documento em gesto emblemático, como se fosse uma taça de Copa do Mundo – algo bastante popular no "País do Futebol".

Ao seu lado, nessa disputa nada esportiva, outros líderes políticos integraram o corajoso time: Teotônio Vilela, Mario Covas, Fernando Henrique Cardoso, Leonel Brizola, Luís Inácio Lula da Silva, Miguel Arraes, Roberto Freire, Jarbas Vasconcelos, Tancredo Neves, Dante de Oliveira, Darcy Ribeiro, Franco Montoro, Jorge Cunha Lima, José Richa, Gérson Camata, Marcos Freire, Fernando Lyra, Moreira Franco, Eduardo Suplicy, Orestes Quércia, Cristovam Buarque. Bem como o lendário jurista Sobral Pinto e vários intelectuais, jornalistas e artistas.

Anônimo por todos os cantos deste imenso País, estava o realmente vitorioso pela conquista: o povo brasileiro.

Vale lembrar que não foi esse povo ordeiro e trabalhador, pleno de fé e de esperança em seus corações e mentes, que elegeu, como seria natural, pelo voto livre, direto e secreto os membros da Assembleia Nacional Constituinte. O modelo não foi específico, de escolha exclusiva para esse fim, com mandato restrito. Foi um Congresso Constituinte, iniciado em 1987, com os eleitos em 1986 para os mandatos normais de senadores e deputados federais, bem como foram também eleitos os governadores e deputados estaduais. Uma eleição sob forte influência das "Diretas já!", o movimento nacional popular pela volta da democracia, com eleições livres. Um ano antes, em 1985, havia sido empossado o primeiro presidente civil, escolhido indiretamente pelo Colégio Eleitoral, José Sarney – a rigor, tratava-se do vice de Tancredo Neves, que morrera antes da posse.

A nova Constituição foi o resultado de 20 meses de um trabalho árduo, com vários avanços e recuos, negociações à direita e à esquerda. Por isso, muitos atribuem o seu grande número de páginas ao fato de compor diferentes interesses. Em 22 de setembro de 1988, a Carta Magna recebeu 474 votos a favor e 15 contrários, estes da bancada do Partido dos Trabalhadores (à época, o maior partido da oposição). O PT considerou o documento "conservador, elitista". Por justiça, vale lembrar que um único deputado federal petista, João Paulo, de Minas Gerais, recusou-se a votar contra.

Um detalhe que muitos desconhecem, dia 5 de outubro é o dia do aniversário de Ulysses Guimarães. E a data foi escolhida propositalmente, uma homenagem a quem tanto lutou pela "Constituição Cidadã", como ele próprio denominou o novo ordenamento jurídico do País. Desde a independência, em 1822, foi a sétima Constituição, sendo a sexta desde que nos tornamos uma República. Quem, como eu, teve o privilégio de estar lá em meio a tanta emoção lembrará que o presidente José Sarney, de braço estendido sobre a Constituição, tremia ao fazer o juramento de respeito ao documento. Sua impopularidade era muito grande, a responsabilidade também.

Um ano depois, era eleito pelo voto livre, direto e secreto um "salvador da Pátria", Fernando Collor de Mello, conhecido como o "Caçador de Marajás". Foi escolhido pelo povo para combater a corrupção e organizar a economia do País, que sofria sob alta inflação e outros problemas. O resto dessa decepcionante história, como também as de outros "salvadores da Pátria", todos nós já sabemos. Desde então, a chamada Nova República muitas vezes parece ser a mãe da velha, como disse com humor e verdade o saudoso publicitário Carlito Maia.

Nas eleições, teremos mais uma boa oportunidade para fugir das aparências e votar nas consistências. Só assim, em paz e constitucionalmente, valorizando os interesses coletivos, vamos conquistar um novo tempo de respeito, desenvolvimento e prosperidade. Neste clima de agressividade que estamos vivendo, esperemos que os brasileiros não façam do seu voto uma arma... As vítimas seremos todos nós.

FARINHA POUCA, MEU PIRÃO PRIMEIRO

Testemunha relevante em processo contra o ex-prefeito do Rio de Janeiro (RJ) Eduardo Paes (DEM), que tenta se reeleger, o ex-diretor da empreiteira Odebrecht, Leandro Azevedo, declarou que há equívocos na acusação do Ministério Público contra o político carioca. Segundo a defesa de Azevedo, os R$ 10,8 milhões pagos a Paes na campanha eleitoral de 2012 foram Caixa 2 e não "corrupção buscando vantagem futura". Então, Caixa 2 pode, não é crime?

Você que trabalha e procura cumprir com os seus compromissos, tem a ética como princípio, enfim, é uma pessoa normal, consegue tolerar a corrupção? Atos de improbidade não lhe causam indignação? Malandragem lhe parece algo até inteligente, engraçado? Se a resposta for "Claro que não!", você está fora da média dos brasileiros. Surpreso? Pois saiba, você é uma pessoa rara neste país tropical.

O Ibope realizou uma pesquisa em 2006, até hoje nunca debatida e comentada como deveria ter sido, sob o tema "Corrupção na Política: Eleitor, Vítima ou Cúmplice?". À época, foram ouvidas, em todo o Brasil, duas mil pessoas. O resultado apontou que 75% dos brasileiros admitiam, se ocupantes de cargos públicos em qualquer nível, cometer algum tipo de irregularidade.

A grande maioria aceitava a antiga prática do "rouba, mas faz". E não só admitia, como também era conivente com a falta de seriedade no trato da coisa pública. O resultado da pesquisa foi surpreendente até para alguns ainda otimistas, apontava que sete em cada 10 brasileiros cometiam algum tipo de transgressão no dia a dia. Entre os "crimes delicados": sonegação de impostos; compra e uso de produtos piratas; suborno de guarda de trânsito ou rodoviário para fugir às multas; falsificação de documentos; e ligações clandestinas, "gatos" de serviços públicos e privados (luz, água, televisão a cabo etc.).

O instituto de pesquisas fez, também, uma simulação na qual o entrevistado projetava esses ilícitos para as pessoas do seu conhecimento pessoal. Resultado: 98% achavam que os seus amigos eram capazes de fazer a mesma coisa. E se você imagina que os jovens seriam uma esperança para melhor, engana-se. Segundo a pesquisa, 87% deles aceitavam práticas desonestas como parte da realidade. Assim como o bordão do personagem "Tavares", criação do saudoso Chico Anísio: "Sou. Mas quem não é?".

Estava constatada a cultura da corrupção no Brasil. Não foi uma novidade à época, como também não deve ter mudado, apesar de tudo o que aconteceu desde então. Afinal, "o exemplo vem de cima", diz a sabedoria popular. Cabe, portanto, preocupar-nos com o resultado das urnas nas próximas eleições (2022). O povo mais uma vez poderá votar em si mesmo, optando apenas pelo assistencialismo do bolsa, vale ou auxílio isso e/ou aquilo. Ou votar contra o mar de lama que surgiu lá no passado distante, continua caudaloso e está se cristalizando, tornando-se algo "aceitável" no triste cenário político nacional.

Não ao conformismo, essa absurda tendência crônica de uma sociedade que historicamente não tem direito à cultura e à educação de qualidade e, portanto, é corrompida por esmolas governamentais. Iniciativas populistas feitas com recursos de um crescente confisco tributário sobre os que produzem e geram empregos nos quais, com dignidade e por mérito próprio, os trabalhadores podem conquistar sua legítima renda.

É preciso votar com coragem e responsavelmente. Honrar a liberdade de escolher parlamentares e executivos que tenham o compromisso de trabalhar apenas e tão somente pelo interesse coletivo.

VACINA OU REMÉDIO

Mais cedo do que se esperava, embora ainda não encerradas oficialmente as apurações, a imprensa mundial, diante dos números, anunciou que o novo presidente dos Estados Unidos é Joe Biden. Há também incertezas quanto ao Senado e à Câmara de Representantes, com tendência de maioria republicana no primeiro e democrata no segundo parlamento.

A eleição foi muito disputada, e haverá demora pelas medidas judiciais de republicanos inconformados. Tudo isso vai seguir alimentando por mais alguns dias a tensão e o debate com mútuas acusações nesta que já é a maior disputa eleitoral de todos os tempos, em um país que detém, pelo bem e pelo mal, as atenções do planeta.

Trump será descartado junto com os votos já contados? Talvez não. É possível que o movimento nacionalista e radical gerado por ele siga em frente sob sua liderança. O derrotado deverá promover forte oposição aos democratas, como eles não souberam fazer ao seu governo. Em centenas de anos nenhum presidente americano, ao disputar uma reeleição, havia buscado desqualificar o processo popular de escolha. E Trump fez isso previamente, desde bem antes das eleições.

Deixou claro seu desrespeito à democracia. Dividiu o país. Fez lá o que aconteceu aqui com Bolsonaro quando se lançou candidato defendendo apenas o nós contra eles. E a sociedade entendeu que deveria optar por um lado, e radicalizou. Esse tipo de "cultura do ódio", alimentada nas mídias sociais pelas *fake news*, fragiliza a democracia. Dividir não soma, a matemática é ciência exata.

Democracia só existe, é real e produtiva com a independência dos três poderes, com a garantia de igualdade e liberdade de todos perante as leis. Com os direitos constitucionais resguardados.

Governantes são funcionários públicos. Servidores à sociedade, gestores de todos, e não apenas dos que neles votaram. Assim, não podem tomar decisões ao seu bel-prazer, ao interesse deles próprios e dos que os apoiam. Mesmo quando eleitos por expressiva maioria de votos. Não podem pretender aplausos da mídia, porque ela existe para governados, e não para governantes.

Trump decepcionou muitos cidadãos dos Estados Unidos, democratas e republicanos, acima de tudo por ter tomado decisões pessoais e ideológicas na pandemia da covid-19. E fundamentadas em questionáveis crenças, em supostas teorias conspiratórias, e não em fatos cientificamente comprovados. Conduziu as ações de governo, na grave crise sanitária, sob populismo autoritário e inconsequente. Milhares de pessoas morreram, outras tantas ficaram com sequelas. E, sem vacina e sem remédio, o risco continua. Também ignorou a pauta do racismo, deu a entender que não há problemas climáticos e tropeçou nas relações internacionais. "Mandou muito mal", como dizem os jovens.

Embora Trump possa não desaparecer com a vacina do voto, qual será sua imagem doravante? Qual é o remédio que usará para se manter vivo como líder? E Bolsonaro que o tem como ídolo, sofrerá as consequências da morte política do seu ídolo?

Embora tudo ainda pareça duvidoso, é certo que o mundo ganha quando o radicalismo perde.

CONTRA TEIMOSIA
NÃO HÁ VACINA

Desde que surgiram, os humanos polemizam. Cada um tem sua opinião, e boa parcela acredita que é a correta. Desse eterno confronto nasceram importantes transformações. O debate ilumina o contraditório, traz diferentes visões de um mesmo tema.

São poucos os que têm a consciência de ouvir, pensar e, com sabedoria, manter ou não sua ideia sobre determinada tese. Alexandre Herculano, jornalista, historiador e poeta português, disse: "Não me envergonho de corrigir meus erros e mudar as opiniões, porque não me envergonho de raciocinar e aprender". O francês Blaise Pascal, filósofo e escritor, já havia dito algo semelhante quase 200 anos antes.

O que difere o defensor do cientificamente comprovado do apenas teimoso? O primeiro depende de fatos concretos, ao passo que o outro é movido por vaidade, pretensão, fervor. Enquanto o interlocutor fala, em vez de ouvir e pensar, apenas busca como vai contradizer e impor sua tese. Inexiste escuta ativa.

É claro que são diferentes as motivações que embasam as teorias dos teimosos, transitam desde convicções religiosas, passando por conceitos de vida, até chegar a ideologias políticas. Sempre concebidas e argumentadas de modo radical. Não é sequer uma paixão, como optar por um time de futebol. É algo fundamentado em uma cega certeza que não permite diálogo.

Sigmund Freud, judeu-austríaco criador da Psicanálise, alertava: "Alemão não é teimoso, teimoso é quem teima com um alemão". Justa ou injusta, a referência serve para alcançar o que significa ser renitente às mudanças do livre pensar. Nesses tempos de pandemia, há demonstrações de uma fase que começou bem antes da crise sanitária. Uma "cultura do ódio", expressão que cunhei e trouxe a público em artigo publicado em setembro de 2019. A questão política dividiu as pessoas em dois lados, os "contra" e os "a favor". E isso acontece em vários pontos do planeta, potencializado pela tecnologia digital. Qualquer coisa é motivo de acirrada polêmica.

Pessoas morrendo e a questão não é salvá-las, é a ideologia da origem da vacina: chinesa de esquerda ou britânica de direita. Por ser tudo muito novo, é natural que se desconfie da eficácia. Além disso, os pesquisadores alertam sobre reações ainda imprevisíveis.

Se uma grande parcela da população não for vacinada, a covid-19 trará novas ondas de contaminações e mortes. Vale lembrar que, como o terraplanismo, arautos do anticientificismo e seus poderosos apoiadores resgataram do passado doenças que estavam dominadas pelas vacinas. A turma antivacina tem alimentado a volta de sarampo, rubéola, coqueluche e tuberculose, como já se registra também na Europa e nos Estados Unidos.

Segundo pesquisa da revista *Nature* em 19 países, 71,5% das pessoas estão dispostas a tomar a vacina, desde que as agências sanitárias declarem que ela é segura. Confirmando-se o estudo, realizado em julho de 2020, países com grande confiança em governos centralizados como China, Coreia do Sul e Cingapura, bem como países de renda mediana como Brasil, Índia e África do Sul, estão entre os com população predisposta a se vacinar.

O corajoso povo brasileiro aprendeu a lutar contra as adversidades, doenças crônicas causadas por má gestão pública. Neste caso, a única imunização é o voto. Enquanto isso, melhor deixar morrer a teimosia, do que perder mais vidas. Sem xenofobia doutrinária e ignorância explícita. Que venha a vacina, não importa a ideologia da origem, mas sim a eficácia.

RENDA MÍNIMA, IDEIA MÁXIMA?

Somos, para um país, um jovem de apenas 520 anos. O que, entretanto, não justifica uma história complicada que mistura uma colonização predatória, extrativista e corrupta com importantes contribuições de muitos povos que para cá vieram expatriados por guerras, fome, radicalismos religiosos, conflitos políticos e outros motivos.

Nossa breve história tem alguns poucos legítimos heróis e muitos falsos "salvadores da Pátria". No balanço, mais perdemos do que ganhamos. Entretanto, tudo isso forjou um povo corajoso, pacífico e trabalhador. Que merece muito além do que tem recebido das autoridades públicas ao longo de mais de cinco séculos.

As medidas governamentais quase sempre foram paliativas, improvisadas, temporárias. Além de populistas, demagógicas, eleitoreiras. Esse cenário alimentou desrespeitoso paternalismo, surgiram discutíveis vale isso e aquilo, cotas, auxílios, proteções etc. Não seria melhor a população ter merecido responsáveis investimentos em saúde, educação e trabalho, criando oportunidades iguais para todos? As pessoas dignas querem respeito, não esmola.

Entretanto, por outro lado, o mundo desenvolvido nos admira por programas sociais como o Fome Zero, o Bolsa Família e o SUS, alguns exemplos aplaudidos por vários países desenvolvidos. Assim, há também a consciência de que, sem eles e sem as necessárias atitudes governamentais responsáveis, nossa desigualdade social seria ainda muito mais grave.

A pandemia, que deveria ter sido, desde o primeiro momento, enfrentada com planejamento, criatividade, estratégia e empenho pelas autoridades nos três níveis governamentais (municípios, estados e União), não foi na maioria deles. Assim, tornou-se necessário o auxílio emergencial que sustentou tantos brasileiros nos últimos meses.

Mas esse "auxílio" está chegando ao fim. Durante sua vigência, em momento algum o governo parou para refletir sobre a política como algo além de uma oportunidade de alavancar índices de popularidade, de fazer campanha política. Até a vacina, que pode salvar milhões de vidas, em nosso País é motivo de absurda discussão ideológica.

Com a força econômica do Vale do Silício, em novembro de 2020 passou por todas as comissões da Assembleia Legislativa do Estado da Califórnia (EUA) um Projeto de Lei que garante, a cada morador do estado que receba menos de 200% da renda média local, um cheque mensal de US$ 1.000. O PL está para ser votado pelos parlamentares norte-americanos.

O economista britânico John Maynard Keynes era entusiasta da existência de uma renda básica universal. O economista norte-americano Milton Friedman, que sempre confrontou as ideias de Keynes, também acreditava que o Estado devesse pagar um valor mensal fixo aos necessitados. Keynes e Friedman, portanto, por caminhos distintos defenderam a existência de um programa de renda básica aos que dela, realmente, necessitam.

Do Vale do Silício ao Fórum Econômico Mundial, passando pelo Brasil, onde o também economista e político Eduardo Matarazzo Suplicy sempre defendeu essa mesma ideia, por ele denominada renda mínima, a questão está no centro do debate. Quem sabe, uma ideia máxima para combater a miséria que, além de uma indignidade humana, causa tantos problemas e prejuízos aos países?

ENTRE PERDER E GANHAR

Franz Kafka, que nasceu judeu no antigo Império Austro-Húngaro, depois Tchecoslováquia e hoje República Tcheca, foi um escritor de língua alemã (embora dominasse o idioma tcheco), autor de romances e contos que o tornaram reconhecido entre os mais influentes literatos do século XX.

Kafka é respeitado pelo estilo único de sua escrita, por seus temas e padrões que abordam alienações, brutalidade física e psicológica. Nas suas obras estão presentes conflitos entre pais e filhos. Os seus personagens têm missões aterrorizantes, como labirintos burocráticos e transformações místicas. Existe em vários idiomas o termo "kafkiano", que remete a algo complicado, duro e surreal, consoante o retratado em suas obras.

Como a vida é mágica, um ano antes de sua prematura morte aos 40 anos, o talentoso escritor viveu uma experiência singular e bem diferente de tudo o que criou e nos deixou em suas muitas cartas e livros. Passeando pelo verde do parque de Steglitz, no sudoeste de Berlim (Alemanha), encontrou uma menina chorando porque havia perdido sua boneca. Kafka, sensibilizado, ofereceu ajuda para encontrar a boneca, combinou um encontro com a pequena no dia seguinte no mesmo lugar.

Não tendo encontrado o objeto perdido, ele escreveu uma carta como se fosse a boneca e, quando se encontraram, leu para a menina. A carta dizia: "Por favor, não chore por mim, parti numa viagem para ver o mundo".

Durante três semanas, Kafka entregou à menina, de modo regular, outras cartas que narravam as peripécias da boneca em todos os cantos do mundo: Londres, Paris, Madagascar. Tudo para que a pequena esquecesse a grande tristeza da perda, que o havia sensibilizado.

Essa delicada história foi publicada em alguns jornais e inspirou um livro do espanhol Jordi Sierra i Fabra, *Kafka e a boneca viajante*, no qual o jornalista e escritor catalão imagina como teriam sido as conversas e o conteúdo das cartas do tcheco. É interessante comentar que Fabra escreve livros infantis de grande sucesso, já traduzidos para mais de uma dezena de idiomas, e tem uma história pessoal marcada por tristezas – gago, sofreu *bullying* na escola e foi vítima de acidentes e de perseguição política na ditadura franquista.

Voltando a Kafka, por fim o escritor presenteou a menina com outra boneca. É claro, diferente da original. Uma carta anexa explicava: "Minhas viagens me transformaram…". Anos depois, a garota encontrou uma carta enfiada numa abertura escondida da boneca substituta, da qual ela havia aprendido a gostar. O bilhete dizia: "Tudo que você ama, você eventualmente perderá, mas, no fim, o amor retornará em forma diferente".

Sempre pensamos nas amadas pessoas que nos deixaram: avós, pais, tios, filhos, netos. Entretanto, devemos pensar também naquelas que a vida nos deu depois das perdas, em especial, os novos amigos que conquistamos. Em geral, você guarda para sempre as amizades da infância e da juventude. Além de manter o conquistado no passado, é importante conseguir fazer novos amigos também na maturidade.

A pandemia da covid-19 tem nos tomado parte dessa gente amada. Ninguém substitui ninguém. Contudo, tenho certeza: o amor é uma espécie de renovação do sentimento em relação a quem perdemos. Um tipo de amor que renasce em nossos corações e mentes a cada nova amizade. Algo assim como o que motivou Kafka, aparentemente uma pessoa fria e amarga, a ser tão terno e doce com aquela menina que perdeu sua boneca.

Facundo Cabral, compositor e escritor argentino, de juventude muito sofrida e que morreu assassinado após um *show* na Guatemala, disse sobre as pessoas que se foram: "Você não perdeu nada, quem morreu apenas se adiantou a nós, porque para lá iremos todos. Além disso, o melhor dele, o amor, segue em seu coração".

Que bom gostar das pessoas e poder acreditar que elas também gostam de nós. Ajuda a enfrentar esses tempos tão cinzentos de mortes que causam eterna saudade. Entre perder e ganhar, estão as típicas emoções "kafkianas" dos arquétipos que transitam pelos obscuros labirintos políticos, mas há também as que nos permitem a esperançosa crença na felicidade.

ACEITAR É PRECISO, NEGAR NÃO É PRECISO

"Navegar é preciso, viver não é preciso", disse o poeta português Fernando Pessoa – e o mundo conhece a frase. O processo criativo não se faz apenas com o presente, ele abraça referências históricas, algumas até bem remotas em relação ao momento em que o autor se inspira, pensa e escreve.

Fernando Pessoa, quando estudamos esse específico verso, pretendeu gerar reflexões estabelecendo um diálogo com a tradição de Portugal em conquistar novas terras navegando, corajosamente, pelos mares. Por outro lado, é interessante observar que a frase não é dele. É bem mais antiga.

No século I a.C., os romanos empreendiam sua expansão territorial e econômica. Roma era um império crescente e exigia que os mares fossem desbravados em busca do fortalecimento da então importante potência da Antiguidade. Por volta de 70 a.C., o general Cneu Pompeu Magno, glorioso por suas conquistas, recebeu a missão de levar o trigo das províncias para Roma nos barcos de sua esquadra.

Como se pode imaginar, os riscos à época – mesmo para uma empreitada aparentemente simples – eram imensos. Pompeu não dispunha de tecnologia naval, e enfrentava forte pirataria para navegar. Portanto, ou ele salvava Roma da crise de abastecimento causada por uma rebelião de escravos, ou se acovardava em segurança na sua então tranquila Sicília (ainda não havia a Máfia).

Foi nesse contexto que, segundo os historiadores, o general Pompeu sentenciou: "Navegar é necessário, viver não é necessário". E sua missão foi um sucesso. Tanto que se tornou cônsul e, mais tarde, integrou o primeiro triunvirato que governou todo o território romano.

No século XIV, o poeta italiano Petrarca transformava a expressão de Pompeu para "Navegar é preciso, viver não é preciso". Mais tarde, já no século XX, Fernando Pessoa a repetiu afirmando: "Quero para mim o espírito dessa frase". Como a história se repete no tempo, em locais e com pessoas diferentes, permito-me parafrasear os três, Pompeu Magno, Petrarca e Fernando Pessoa, e afirmar: "Teimar não é preciso, viver é preciso".

Digo isso porque, diante dos fatos aqui no Brasil, observo, sob um misto de desconfiança e otimismo, que o governante crítico da vacina da China contra a covid-19 agora pressiona para a aprovação de um imunizante da Rússia ainda não testado no Brasil. Ou seja, finalmente a vacina salvadora não é mais analisada pelo aspecto de origem política, por "ideologia científica". Já nos serve um imunizante "de esquerda", desde que capaz de salvar vidas, mesmo procedente de um país que, embora aberto, ainda tem forte presença de sua origem comunista.

Em momentos diferentes e distantes da história, Pompeu, Petrarca e Pessoa disseram a mesma coisa sobre desafios semelhantes. Agora, Bolsonaro muda o próprio discurso – como o fez em relação ao Centrão e sua velha política do "toma lá dá cá" – e, seja qual for a origem da vacina, ela é bem-vinda para os brasileiros, desde que aprovada pela Anvisa. Se o responsável pela mudança de atitude do presidente da República foi o governador de São Paulo, João Dória, também, como Bolsonaro, candidato em 2022, não importa. Vacina, já!

O interessante é observar que as vacinas da covid-19 se tornaram arma geopolítica. China, Índia e Rússia são apenas alguns dos países que, a despeito de não terem estoque suficiente para vacinar as próprias populações, estão fazendo da venda de imunizantes ao mundo uma ferramenta para ampliar sua influência global. Cada país tem sua estratégia, mas estamos assistindo a uma partida de *soft power* – um domínio próprio da diplomacia.

O governo brasileiro finalmente entendeu que aceitar a verdade é preciso, negá-la não é preciso. Antes tarde do que nunca.

ARGENTINA DANÇA TANGO REVERSO

A Argentina é um país vizinho com o qual sempre tivemos diferenças no futebol, mas parcerias em outros campos. Vale lembrar um fato: quem fez o continente sul-americano ser um time forte foi a dupla de ataque Brasil e Argentina. E como estão, hoje, nossos *hermanos*? Mal. Muito mal...

E imaginar que há um século a Argentina era um dos países mais ricos do mundo, chegando a ser comparada com a França e a Alemanha. Mais tarde, chegou a ser a sexta economia do Planeta. Buenos Aires, sua capital, já foi a cidade ao estilo europeu mais elegante da América Latina.

O populismo na Argentina colocou o país em péssima situação. E pensar que, no começo do século XX, a Argentina tinha o maior PIB *per capita* do mundo. A partir de 1969, tudo começou a desmoronar. De 1969 a 1991, em pouco mais de 20 anos, o país chegou a trocar cinco vezes de moeda e experimentou inflação anual média de 105%.

A partir de 1980, a Argentina entrou em queda para valer. Deu calote várias vezes no pagamento da dívida externa, perdendo credibilidade internacional. Em 2001, chegou a ter em um só e mesmo dia cinco presidentes da República. Vinte anos depois, a Argentina é o maior devedor ao FMI em todo o mundo, o valor do rombo é de US$ 44 bilhões.

A política, quando não é séria, acaba com a economia de um país. A soma de crises ao longo do tempo não teve solução e tornou-se crônica. Mesmo com a privatização das estatais, o dinheiro perdeu-se e nada teve solução. A Argentina optou por um paradoxo entre a tradição agrícola, um setor forte e liberal, e o parque industrial, com forte protecionismo. Esse modelo não combina com a realidade.

Desde o primeiro mandato de Juan Domingo Perón, que começou no Partido Laborista e, depois, foi para o Partido Justicialista, sempre houve um mesmo projeto populista que impôs uma lógica protecionista, quase autárquica. Sob a égide do "viver com o nosso", gerou uma indústria para a produção de tudo e a não importação de nada. O custo logístico na Argentina é imenso, são caros os transportes e a energia.

O resultado de uma agricultura forte e uma indústria fraca, quando no campo não há emprego e na cidade sobra mão de obra, permitiu ao peronismo jogar o país na decadência e mergulhar em crises. O populismo enganou o povo dizendo-se "o pai dos pobres", quando a rigor é um péssimo padrasto. Por ironia, antes do peronismo e da própria globalização, a Argentina exportava 45% de tudo o que era produzido na América do Sul.

O capitalismo de estado gerou uma pequena elite, aumentando a corrupção e a desigualdade social para privilegiar lucro sobre o patrimônio, e não sobre a produção. O país passou a viver de especulação, em vez de trabalho. Depois de Perón, veio a não menos desastrosa ditadura militar e, depois dela, o país foi entregue a Alfonsín, Menem e, por fim, aos Kirchners, que ficaram no poder por mais de uma década. Agora, o novo governo não consegue evitar a catástrofe – neste 2021, a Argentina tem inflação atual de 51% contra 17% do Haiti, um dos países mais pobres do mundo e constante vítima de conflitos armados, desastres naturais.

O desastre na Argentina é o populismo. Que nós, históricos parceiros do país vizinho, estejamos atentos para evitar os mesmos erros. O populismo não constrói, pelo contrário, destrói em qualquer parte. Portanto, nas eleições de 2022 no Brasil, não acredite em "salvador da Pátria". Nem os do passado, nem os do presente e, muito menos, os que se insinuam para o futuro. Como os fantasmas, eles não existem… Mas assombram!

FUGA DE CÉREBROS

Em algum momento você já ouviu, aqui no Brasil, alguém dizer que está pensando em ir embora do País. Ou que um filho, neto ou amigo já foi. De fato, é algo que está acontecendo em empresas, universidades, instituições de pesquisa.

É a sempre temida "fuga de cérebros", que cientistas e profissionais de diferentes áreas vêm anunciando como um risco premente há pelo menos 10 anos. Agora, acreditem, está acontecendo mesmo, e não é mais uma daquelas promessas vazias para o ano novo.

Há uma espécie de grave hemorragia intelectual, que deixará sequelas na já combalida ciência nacional, se não for tratada com urgência. Não há estatísticas que permitam diagnosticar o tamanho dessa compreensível fuga – ou diáspora, como os acadêmicos denominam o fenômeno.

Entretanto, o mal existe em qualquer empresa, universidade, instituto de pesquisa que dependa, em especial, de recursos públicos para produzir eficiência científica. "A fuga de cérebros é muito real e já começou há alguns anos, mas agora está virando uma avalanche", diz o neurocientista Sidarta Ribeiro, da Universidade Federal do Rio Grande do Norte (UFRN). "Tenho dois ótimos ex-alunos de doutorado que migraram para fazer o pós-doutorado e, do jeito que a coisa está indo, possivelmente não voltarão nunca mais."

Pois é… A motivação para ir embora está ainda mais fértil nos últimos anos. Há quase uma década que investimentos públicos na área de pesquisa e desenvolvimento, em vários campos científicos, estão minguando de modo constante e crescente. Tomando por base o que o governo federal investe nesse campo estratégico, alcançando os diversos ministérios envolvidos, o cenário é assustador.

De 2013 para 2020, o investimento encolheu 37%, segundo levantamento do Instituto de Pesquisa Econômica Aplicada (Ipea), órgão vinculado ao Ministério da Economia. Em valores corrigidos pela inflação, a área da ciência e tecnologia no Brasil recebeu menos recursos em 2020 do que em 2009; e os orçamentos deste ano (2021) do Ministério de Educação (MEC) e do Ministério da Ciência, Tecnologia e Inovação (MCTI) são ainda menores do que os do ano passado. Estamos há uma dúzia de anos caminhando para trás.

O ministro Marcos Pontes, embora astronauta, está perdido no espaço, e os colegas de governo já lhe chamaram a atenção por reclamar – com razão – de cortes de verbas destinadas à ciência na sua pasta. O MCTI está flutuando na gravidade da situação. E não se pode impedir, notadamente os jovens, diante de tantas crises (política, econômica, social, pandêmica, moral e outras) de buscarem oportunidades de emprego e crescimento em outros países mais estáveis, seguros e que acreditam na cultura e na educação, no desenvolvimento das ciências.

É hora de evitar esse êxodo cruel para com o futuro do Brasil. Cabe olhar a ciência com respeito, lembrar a evolução tecnológica e o progresso científico que nos trouxeram mais qualidade de vida, que nos distanciaram da morte. Defender verbas para cultura e educação é sólida garantia de um país desenvolvido e do qual ninguém quer ir embora. Afinal, além de tudo, como disse na sua "Canção do Exílio" o poeta Castro Alves: "Nosso céu tem mais estrelas, / Nossas várzeas têm mais flores, / Nossos bosques têm mais vida, / Nossa vida mais amores". E lá no final do poema, deixa clara sua paixão pela terra: "Não permita Deus que eu morra, / Sem que volte para lá".

Mesmo diante das adversidades, contribua para manter aqui nossos talentos. Há motivos para termos esperança, curarmos a doença do obscurantismo que ataca a cultura e a educação, corta verbas para a ciência e a tecnologia, atrasa a pesquisa e o desenvolvimento.

TRIBUTOS
VERSUS DIREITOS

No remoto tempo em que o mundo era dividido apenas entre grupos de humanos selvagens, os tributos surgiram como forma de render dependência. As tribos lutavam entre si e os perdedores entregavam suas riquezas aos vencedores. Montar grandes e equipados exércitos sempre acabou por aumentar a carga tributária dos países, porque isso redundaria em mais riquezas, fruto das batalhas e conquistas. Os governantes, já na Idade Média, exigiam "contribuições" e "doações" de seus súditos, disfarçando o odioso nome "tributo". O objetivo foi sempre o mesmo: amealhar riqueza sem o compromisso de contrapartida. E financiar os governantes.

O primeiro tributo sobre a pessoa física foi criado pelo Império Romano. Aliás, foi com seus exércitos bem estruturados, portanto imbatíveis, que Roma antiga construiu seus imensos e ricos palácios. E criou muitos tributos: sobre o patrimônio imobiliário, a herança, o comércio, a produção agrícola, o trânsito de pessoas e de mercadorias. Naquele tempo, todos pagavam tributos: os pobres por existirem e os ricos pelo patrimônio líquido.

Na Europa dos séculos XV e XVI, fatores como as conquistas ultramarinas, as guerras e o surgimento do mercantilismo acabaram por fortalecer o aumento de tributos. Cada vez mais, o cidadão via-se obrigado a suprir e financiar os governos. E, é claro, sempre sem nenhuma obrigatoriedade de retorno em qualquer tipo de benefício. Se houvesse, era por mera "generosidade" do poder. A clássica escola econômica do filósofo e economista britânico Adam Smith (nascido na Escócia), de maneira cuidadosa e responsável, estabeleceu princípios para os tributos. O mais importante deles: "O imposto não deve arruinar o povo".

A Inconfidência Mineira, entendida como movimento pela libertação do Brasil, foi, a rigor, o primeiro protesto da sociedade brasileira contra a já pesada carga tributária imposta pelo colonizador lusitano. Custou muitas vidas, entre as quais a de Tiradentes. Há três tipos de tributos previstos na Constituição brasileira: o imposto, a taxa e as contribuições voltadas às melhorias de caráter social. Todos obrigatórios. E um detalhe: também sem nenhum compromisso de contrapartida ao contribuinte.

Neste momento, tramita na Câmara Federal um projeto – há décadas postergado – de "Reforma Tributária". E o simples cidadão, quando será lembrado com justiça tributária? O Imposto de Renda da Pessoa Física, por exemplo, incide sobre o salário. Esse é o problema, "Pessoa Física"… Se fosse da "Pessoa Mental", talvez se aplicasse ao menos sobre a verdadeira renda líquida – já que poderia ser fruto de um pensamento no mínimo coerente e realista. Não é. Não se pode abater tudo o que foi, honesta e comprovadamente, gasto com saúde, educação, moradia, cultura – alguns direitos do cidadão e deveres não cumpridos pelo Estado.

Um dos mais absurdos exemplos disso está nos empregados domésticos, cujos salários e benefícios os patrões agora não podem mais abater nas suas declarações de renda. Você gera empregos para cozinheiras, arrumadeiras, babás, motoristas, jardineiros e outros profissionais, que, além dos salários e benefícios recebidos, muitos deles moram nas casas de seus contratantes, e não pode abater no seu imposto essa importante contribuição social em um país com 15 milhões de desempregados.

Sem falar, por fim, da Tabela do Imposto de Renda, sem nenhuma correção desde 2015, o que tem levado o brasileiro a pagar mais dinheiro ao governo a cada ano. Segundo o Sindicato Nacional dos Auditores Fiscais da Receita Federal (Sindifisco), a defasagem chegou a 113,09%, considerando a inflação acumulada de 1996 a 2019 e as atualizações feitas na tabela no mesmo período.

O mundo evoluiu? Talvez. Contudo, no aspecto tributário continuamos nos tempos selvagens, em que os mais fortes dominavam os mais fracos e estes, coitados, pagavam com suas "riquezas" o alto preço da derrota, demonstrando dependência aos poderosos. E sem poder exigir nada em troca... Nem mesmo o direito a que não haja corrupção, desmando, incompetência. A defesa do consumidor, infelizmente, ainda não considera o voto dado em confiança e sob esperança como algo passível de devolução...

Reforma tributária deve implicar não apenas a arrecadação, mas também o cumprimento dos deveres do poder para com os direitos dos cidadãos.

ENTRE A IGNORÂNCIA E O SABER

Uma das razões que nos mantêm vivos é o desconhecido. Mistérios como a vida e a morte, tudo o que não sabemos é um permanente desafio.

Buscar a verdade começa na descoberta do que seja a verdade. Tarefa inatingível, porque não há verdade única. São muitas as verdades definidas por seus respectivos criadores.

A ignorância é uma dádiva? O saber causa sofrimento?

Certos governantes preferem não investir em cultura e educação, censuram a imprensa, porque o conhecimento faz o povo perceber que eles não servem. E perdem o poder.

Liev Nikoláievich Tolstói, ou simplesmente Leon Tolstói, escritor russo considerado um dos maiores literatos de todos os tempos, foi um dos primeiros pacifistas e defensores da educação como a principal porta para o conhecimento que liberta, que garante independência.

Tolstói foi o guru do ainda jovem Mahatma Gandhi, tendo influenciado o grande líder indiano a defender o princípio da não violência. Eles trocaram intensa correspondência, e em muitas cartas o indiano pedia conselhos ao russo. Dessa relação nasceu um belo livro de Tolstói, *Carta para um Hindu*. Na obra está o princípio ético-filosófico-religioso de que ferir o próximo é ferir a si mesmo, porque todo ser vivo tem energia espiritual divina.

Embora perseguido violentamente pela cruel polícia czarista da época, há cerca de 150 anos, Tolstói fundou mais de uma dezena de escolas rurais no interior da Rússia. Ele é o precursor da liberdade na educação de crianças e jovens, como também o pioneiro na gestão democrática das instituições de ensino.

"A ignorância em si não é nem vergonhosa nem maléfica. Ninguém pode saber tudo. Mas fingir saber o que na verdade não se sabe é tão vergonhoso quanto maléfico", afirmou Leon Tolstói.

Desde o início da pandemia, o Brasil tem sido vítima de um dos maiores índices mundiais de contaminação e morte. A pandemia causada pela covid-19 foi relativizada em nosso País com definições do presidente da República: "fantasia", "gripezinha", "não é uma situação alarmante", "e daí?". E foi, também por ele, dado o mau exemplo contra o confinamento, o uso de máscara, o cuidado para evitar aglomerações, e tudo o que deveria merecer rígido protocolo de segurança sanitária. Somaram-se a isso "soluções preventivas", como supostos remédios comprovados pela ciência como ineficazes contra a covid-19, a politização da vacina e, por fim, a falta de um planejamento para a área da Saúde. Foram três ministros em apenas dois anos de governo, e sendo que o último deles não tem formação nessa área.

Estamos em um novo pico de contaminações e mortes, a situação no estado do Amazonas é trágica – e não se pode atribuir o fato, como de hábito, a "sensacionalismo da imprensa". Como as florestas devastadas por queimadas criminosas, a população do Amazonas também está sem ar. Faltam oxigênio, aparelhos respiratórios, leitos nos hospitais, profissionais de saúde, visão de estadista aos governantes. Diante da gravidade do momento, o Amazonas recebeu oferta de socorro da Venezuela.

Entre a realidade que dói e a ignorância que não dói, fico com a coragem e a esperança que transformam.

O POLVO E O POVO

Não é de hoje que somos injustos para com o polvo. Os políticos, em especial. É isso mesmo, eu escrevi "polvo". E culpei os políticos porque, como toda a humanidade, eles não dão valor para esse animal tão interessante. Talvez porque o polvo seja lembrado apenas quando o foco é criticar a péssima mania de enfiar as mãos no bolso do povo.

Polvo é uma coisa, povo é outra. Que fique, desde já, bem claro.

O polvo é a criatura marinha mais interessante e capaz, até hoje identificada pelos biólogos. Muito além dos golfinhos e das baleias, que, com todo o respeito, têm merecido maior atenção da sociedade, incluindo séries e filmes como *Flipper, o golfinho* ou as baleias *Orca* e *Willy* – a primeira até assassina. Quando os adultos fazem aquela pergunta sem graça: "Qual animal você gostaria de ser?", nenhuma criança responde: polvo. Você já levou seu filho ou neto ao aquário para ver o polvo? Não. Todos vão para ver os tubarões e os pinguins. Aliás, o que o povo vê são os "tubarões" da política.

O polvo tem por hábito viver em fendas nas rochas ou construir a própria toca, usando conchas que encontra no fundo do mar. Do ponto de vista biológico, pertence à classe *Cephalopoda* (*cephalo* = cabeça;

poda = pés) e à ordem *Octopoda* (*octo* = oito; *poda* = pés), que apontam sua característica principal: oito pés, que estão ligados à cabeça, ao redor de sua boca. Ele também não tem esqueleto, por isso faz parte da classificação *Mollusca* (*molluscus* = mole). O povo, que dá duro, por falta de responsável política habitacional, também constrói suas improvisadas casas.

O polvo, como o povo, tem coração e cérebro. Entretanto, o polvo, além dos oito braços, tem três corações e nove cérebros. O sangue dele é azul, ou seja, é membro de fato da realeza. Seu sangue é considerado "real" porque tem cobre, e não ferro como no sangue humano. Não que o povo não cobre, mas nem sempre tem eco o seu esforço plebeu.

Cada tentáculo do polvo tem um cérebro, todos alinhados com uma espécie de "cérebro comandante". O povo, por sua vez, tem um só cérebro e um só coração, chefiados por um cérebro de "comandante". O polvo é cientificamente comprovado como um ser inteligente. O comandante do povo, nem sempre. Saiba que, por exemplo, um casal de polvos se sacrifica bastante para cuidar de seus ovos. Sem comida, dedica todo o tempo para que os filhos nasçam bem. Durante esse período, a mãe não sai para se alimentar e morre de fome logo depois que os ovos se abrem. Graças a isso – entre outros fatores – o cientista britânico Martin Wells chegou a afirmar que o polvo parece extraterrestre. Em muitos casos, o povo também.

O polvo utiliza os braços para se locomover e capturar suas presas, alimenta-se de pequenos peixes, crustáceos e outros invertebrados. Seus braços são dotados de uma série de ventosas muito sensíveis ao toque. Cada ventosa tem pequenos quimiorreceptores que conseguem captar moléculas minúsculas do ambiente marinho e levar a informação até seus gânglios cerebrais. Dessa forma, é como se o animal sentisse o gosto do que toca. Polvo é a comunicação personificada, viva. Mais evoluída do que a digital, que permite espalhar *fake news*. Polvo, diferentemente do povo, é comprometido apenas e tão somente com fatos, não com versões maldosas deles.

O polvo tem a capacidade de autotomia dos seus membros, ou seja, consegue "soltar" seus braços quando ameaçados, distraindo o predador enquanto foge, de modo semelhante ao que as lagartixas fazem com suas caudas. O local logo se regenera e o polvo volta a ter um novo braço. Ainda bem que os políticos não têm essa capacidade.

O polvo tem raciocínio lógico, grau de consciência e é capaz de planejar, criar estratégias, buscar concretos resultados para os seus empreendimentos. O polvo cria uma barreira em frente da toca em que vive, ele mesmo carrega pedra por pedra na sua construção. Faz isso porque, ao caçar e levar o alimento vivo para a toca, a mureta impede a fuga. O polvo, então, pode fazer suas refeições tranquilamente, sem chances de a comida ir embora. O povo nem sempre consegue comida, guardar então...

Outro truque fantástico para despistar quem tenta atacar o polvo é uma densa nuvem de tinta preta que ele libera na água. A coloração enegrecida da tinta são moléculas de melanina produzidas por glândulas e armazenadas no seu corpo. Quando ameaçado, o polvo solta a tinta e nada para o lado oposto para que o predador não perceba a fuga. Além de confundir o agressor, a tinta é um anestésico que o impede de rastrear o polvo pelo cheiro. Certo general que foi presidente do Brasil na ditadura militar após o golpe de 1964 declarou não gostar do cheiro do povo. Todavia, gostava do sabor do "polvo em sua tinta".

O polvo, por sua vez, não discrimina ninguém. Ele não vê cor. E, na verdade, costuma ser solitário, apenas procurando um parceiro em época de acasalamento. A fêmea libera hormônios na água para atrair o macho. Ele tem um dos seus braços modificados, chamado hectocótilo, que serve apenas para reprodução. Os rituais costumam ter marcantes mudanças de cores dos indivíduos, para sinalizar a outros machos que a fêmea já encontrou um parceiro. Depois de inseminada, a fêmea deposita cerca de 150 mil ovos em uma toca e os protege por dois meses. O filho do povo já não é cuidado como merece.

Entre as muitas qualidades que o polvo tem, a mais fantástica é a capacidade de se camuflar nos diferentes ambientes aquáticos. Esse animal utiliza o disfarce para fugir de predadores, caçar seu alimento, comunicar-se entre os de sua espécie e até mesmo indicar perigo, como é o caso do polvo-de-anéis-azuis, que tem círculos bem marcados de cor azulada em todo o seu corpo, indicando seu poderoso veneno. O povo, por sua vez, é vítima dos políticos disfarçados em benfeitores apenas em busca do seu voto.

Outro caso incrivelmente curioso é o polvo-imitador da Indonésia. Esse molusco apresenta uma coloração mais característica, com o corpo todo listrado em preto e branco, porém tem a habilidade de imitar o comportamento (como nado e movimentos) de diversos animais marinhos. Esse polvo ainda consegue nadar na coluna d'água, coisa rara para a espécie. Já o povo, embora também saiba imitar e nadar contra a corrente, nem sempre o faz da maneira certa. Escolhe mal. E se afoga.

Pense, reflita e, nas próximas eleições, faça como o polvo, use suas qualidades e vote com inteligência.

DEMOCRACIA EM RISCO

As cenas de selvageria na invasão do Capitólio, em Washington (EUA), quando deputados e senadores discutiam a ratificação da eleição de Joe Biden mostraram o que acontece quando um presidente desrespeita as instituições, coloca em cheque a credibilidade do sistema eleitoral e ignora os limites de independência dos demais poderes. Um vergonhoso exemplo da considerada maior democracia do mundo, um mau sinal do que pode ocorrer em outras nações.

Aqui no Brasil, Jair Bolsonaro, desde sua posse, vem inflamando apoiadores contra o Legislativo e o Judiciário. Tem acusado o sistema eleitoral brasileiro de fraude, desacreditando as urnas eletrônicas. Como Donald Trump, sem apresentar provas. Vale lembrar que em Brasília houve uma tentativa de invasão do Congresso Nacional, e foram lançados rojões contra o Supremo Tribunal Federal, buscando intimidar os ministros.

São recorrentes os ataques do presidente brasileiro à liberdade de imprensa, aos jornalistas. Houve um ato público de manifestantes pedindo o fechamento do Parlamento e do STF, que mereceu discurso presidencial. E muitas *fake news* contra desafetos políticos que, segundo denúncias de ex-integrantes da cúpula do governo, têm origem no "Gabinete do Ódio", comandado por um filho de Bolsonaro. Outro filho, deputado federal paulista, sugeriu a necessidade de um novo AI-5, medida que suspenderia garantias constitucionais. Outro filho, parlamentar fluminense, denunciado pela prática de "rachadinhas", tenta obstruir o processo na Justiça.

Não existe revolução sem armas, o presidente da República está abastecendo civis radicais com leis que liberam a compra e o porte de armas e munições. Vários e diferentes fatos, não versões deles, sinalizam intenções nada republicanas, incluindo ameaças de repetir, em 2022, a trágica ação burlesca incentivada por Trump ao perder as eleições.

Bolsonaro tem aberto muitas oportunidades de trabalho, com salários e relevância de imagem, aos militares. Estão ganhando mais, com mais benefícios e mais importância do que nas Forças Armadas. Assim, protege e militariza o poder civil. Sem falar do grande número de colegas de farda que ajudou a eleger. Nem na ditadura militar após o golpe de 1964 tivemos tantos militares deputados, senadores e governadores. Lá na frente, esse pessoal não gostará de perder o espaço conquistado no poder, assim podendo gerar condições para qualquer tipo de ação que garanta Bolsonaro no "comando" do País. Por isso, faz populismo, agride os parlamentares que lhe contrariam, ofende a imprensa, critica a magistratura.

Cabe observar, ainda, que o presidente da República busca culpar governadores e prefeitos pelos erros que comete na condução da Saúde. O negacionismo do perigo da covid-19 pode deixar o País em um caos que interessa para, "em nome da ordem", ser necessário implantar "medidas especiais". Ainda bem que, nas Forças Armadas, há oficiais superiores que demonstram responsável atenção a tudo isso. A sociedade também precisa estar ciente e consciente. É hora de unidos, responsáveis e pacíficos nos preocuparmos com o futuro da ainda frágil democracia brasileira.

O VALOR DA MORTE

Fica muito triste a vida quando não se dá valor à morte. Isto mesmo, valor à morte. Mais ou menos, damos alguma importância à vida, embora, como fazemos com a grande maioria dos eletrônicos que temos em casa e no trabalho, não saibamos usar nem 50% do que ela nos oferece de felicidade.

Quem não dá valor à morte, não sabe como é bom viver – mesmo que sejam muitos e complicados os problemas do dia a dia. Há quem enfrente, até de uma só vez, a falta de saúde, educação, moradia, cultura e, principalmente, do que lhe possa dar a mínima dignidade para obter tudo isso, mesmo que um pouquinho só de cada: a oportunidade de trabalho.

Assim mesmo, parte integrante dos "sem" reúne muitas pessoas que ainda têm esperança e lutam para conquistar seu lugar ao sol, nem que seja sob um tímido raio que se esgueira entre as sombras do sofrimento. Essas pessoas, nobres de alma e cheias de boa vontade, fogem das ofertas de renda fácil, corrupção e maldade que insistem em lhes oferecer traiçoeiras chances a cada esquina da vida.

Quem opta por algumas profissões que exigem abnegação sabe que será preciso amor, empenho e um compromisso ético inalienável no exercício de cada uma dessas atividades. Que não poderá jamais ter a sua consciência cooptada por qualquer espécie de sedução. Que trabalha como quem acredita em algo maior além da vida, com fé na recompensa da alma.

No dia 8 de fevereiro de 2019, um incêndio no alojamento para jovens atletas de futebol no Centro de Treinamento do Clube de Regatas do Flamengo, local conhecido como "Ninho do Urubu", no bairro Vargem Grande, Zona Oeste do Rio de Janeiro (RJ), matou 10 e feriu três jovens, entre 14 e 17 anos.

Todos de famílias simples, vindos de diferentes estados do País, hospedados em *containers* improvisados como quartos coletivos em uma área destinada a ser estacionamento. Segundo apurado pelas autoridades públicas, não havia o devido alvará para o funcionamento desse local. O Ministério Público indiciou 11 pessoas, incluindo o então presidente do Flamengo, Eduardo Bandeira de Mello, por "incêndio culposo" (sem intenção). O clube havia sido alertado meses antes de graves falhas nas instalações elétricas, o que pesou para a Defensoria Pública considerar "prova inconteste da responsabilidade do clube".

Como não foram denunciados por homicídio, os responsáveis não vão a júri popular. Para esses crimes, na forma "culposa", o Código Penal não prevê pena de prisão em regime fechado, apenas detenção em regime aberto ou semiaberto. As penas podem variar de um ano e quatro meses até seis anos.

Proponho a reflexão: Ao colocar esses jovens humildes, todos vivendo o sonho de ser um craque de futebol em clube conhecido, dentro de um *container* improvisado de alojamento, com o prévio alerta de graves falhas na instalação elétrica, foi acidente (culposo) ou assassinato (doloso)? Afinal, quem sabia previamente de todos os riscos e não deu importância a eles, colocou propositalmente a vida dos jovens em perigo. Ou seja, estava consciente de que era possível acontecer um acidente e apostou na sorte.

Atendendo a um pedido do Clube de Regatas do Flamengo, a Justiça do Rio de Janeiro extinguiu a pensão que o clube era obrigado a pagar às famílias das vítimas do incêndio, nos casos em que ainda não houvesse acordo com o clube e o atleta morto seria hoje maior de idade. Para as famílias daqueles que, atualmente, ainda não teriam completado 18 anos (e que também não fizeram acordo extrajudicial), a Justiça reduziu a pensão mensal de R$ 10.000,00 para R$ 5.225,00 (de 10 para cinco salários mínimos vigentes).

E o aspecto emocional? Quanto vale? Como ficam os parentes das vítimas diante da falta de punição a quem lhes roubou os filhos, netos, irmãos? Será feita justiça com os que, contra a lei da natureza, colocaram pais sepultando filhos mortos ainda no despertar para a vida?

Outra tragédia, com proporções maiores e os mesmos erros de responsabilidade, fez oito anos em janeiro de 2021. O incêndio da boate Kiss, em Santa Maria (RS). Tanto tempo depois, as famílias das vítimas também seguem clamando por justiça. São os dois casos, sem prejulgar a culpa e confiando nas ações das autoridades responsáveis, provas incontestes de absoluta falta de respeito à morte.

Se quem destrói o futuro e tira o direito à vida tivesse o mínimo respeito à morte e ao que ela representa de importância, esses jovens não teriam se tornado consequências desse desrespeito. Sem falar de tantas outras mortes no trânsito, em brigas de rua, em ações policiais equivocadas, em exageros nas baladas, em violência doméstica, e por aí vão os lamentáveis fatos que acontecem no País.

A morte é séria, cruel e definitiva. A vida é bela, divertida e temporária. Que as vítimas dessas tragédias possam, quando feita a cabível justiça, descansar em paz e deixar o exemplo de que é preciso leis rígidas, rigor das autoridades no seu cumprimento e ética de todos para a vida ser menos cruel, mais feliz.

RIO DE JANEIRO

O município do Rio de Janeiro, capital do estado de mesmo nome, faz 456 anos, em 1º de março de 2021. Felicidade sempre desejei à terra onde nasci e aos meus irmãos cariocas, e hoje apenas votos especiais à Cidade Maravilhosa: coragem, esperança e paz!

Do ponto de vista de imagens naturais, como na música de Gilberto Gil, "o Rio de Janeiro continua lindo". No entanto, na realidade de seu dia a dia, a cidade que encanta o mundo tornou-se violenta, com poderes corrompidos e muita complexidade para viver.

Entre as unidades da federação, o Rio de Janeiro é, hoje, a que mais personifica a imensa crise ética, moral e econômica que, faz algum tempo, vítima o País. Sem falar dos efeitos da pandemia da covid-19.

Desvio de recursos públicos, recebimento de propina, lavagem de dinheiro e participação em organização criminosa são alguns dos delitos pelos quais representantes públicos do Rio foram condenados ou acusados. Apenas nos últimos quatro anos, todos os seis ex-governadores que foram eleitos no Rio de Janeiro já foram acusados, processados, condenados e presos em algum momento, por algum motivo. Vejamos: Moreira Franco (MDB), Sérgio Cabral (MDB), Luiz Fernando Pezão (MDB), Rosinha Garotinho (PL), Anthony Garotinho (PRP) e Wilson Witzel (PSC). O único que confessou seus crimes e está preso é Sérgio Cabral.

Os escândalos alcançam os três poderes, além do Executivo, com governadores e o ex-prefeito da Capital, Marcelo Crivella (Republicanos), também membros do Judiciário e do Legislativo, vereadores da Capital e deputados estaduais, estão todos presos. Até conselheiros do Tribunal de Contas, que são fiscais da sociedade, também amargam cadeia acusados de corrupção. Pelo menos, tem havido intenção de rigor contra os denunciados.

Nos aspectos Saúde, Economia, Segurança e Educação, para mencionar apenas alguns mais relevantes, o caos segue presente. A crise que eclodiu há cinco anos revelou o desequilíbrio estatal das contas. O governo vinha elevando muito as despesas públicas, em especial com servidores.

O orçamento comprometido pela crise econômica provocou, em cascata, um efeito negativo sobre os serviços públicos. Policiais mal remunerados e sem equipamentos, o sistema de saúde sem médicos e outros profissionais, sem insumos básicos e sem medicamentos. No aspecto educacional, escolas públicas fecharam turmas e deixaram alunos sem aulas. Enfim, colapso.

É muito triste pensar que o Rio de Janeiro, conhecido e admirado em todo o mundo pela sua proposta de felicidade, tenha chegado a esse ponto. Que tempos melhores venham para que possamos comemorar o aniversário da terra dos cariocas, tendo razão para dizer: Parabéns!

O TOM DO RESPEITO

Em 8 de março, comemora-se o Dia Internacional da Mulher, um dos marcos mais expressivos da civilização global no tocante à defesa dos direitos da cidadania. É uma data, oficializada pela ONU, que celebra relevantes conquistas sociais, políticas e econômicas no resgate de uma dívida histórica para com a mulher. Nesse contexto, a Comunicação tem um papel fundamental para que todos esses avanços se consolidem, contribuindo para que prevaleça o conceito da justiça e igualdade de gênero no mundo.

É de 1908 a primeira iniciativa na determinação de um dia para as mulheres, uma ideia das inglesas que lutavam pelo voto feminino. Elas mesclaram azul e rosa, optando pela cor lilás como símbolo da igualdade entre os sexos. O movimento feminista acontecia, nessa mesma época, também nos Estados Unidos. Entretanto, no ano seguinte, em Copenhagen (Dinamarca), durante a realização do II Congresso Internacional de Mulheres Socialistas, foi proposta a criação de um dia para lembrar, em todo o mundo, a luta das mulheres por seus direitos.

Enquanto crescia o movimento no interior das fábricas, a líder política e escritora alemã Clara Zetkin propôs, durante a conferência, a criação de uma jornada anual de manifestações, paralisando as fábricas para alertar a sociedade quanto às justas demandas femininas. Mais de 100 mulheres de 17 países, militantes em partidos políticos, sindicatos, associações de trabalhadoras e, ainda, as três pioneiras mulheres eleitas para o parlamento da Finlândia, participaram do encontro. Nesse período, as reivindicações das mulheres contra a discriminação no emprego e pelo direito ao voto cresciam nos países industrializados. Com sua grande amiga, Rosa Luxemburgo, morta em Berlim em 1919, Clara editou a revista bimensal *Die Gleichheit* (A Igualdade), de 1891 a 1923.

Cabe destacar, em especial no dia dedicado à lembrança dos direitos das mulheres, que Rosa Luxemburgo foi brutalmente assassinada por defender suas ideias. Um soldado, no hotel berlinense *Eden*, esmagou seu crânio, desfigurou seu rosto a pontapés. Outro militar arrematou a covarde violência com um tiro na nuca de Rosa. Amarraram seu corpo a sacos com pedras para que afundasse e o atiraram em um canal fluvial da cidade. Levou duas semanas para aparecer. O governo social-democrata de Friedrich Ebert não matou as causas de Rosa Luxemburgo, tornou-as eternas.

Voltando à histórica conferência, com a proposta de Clara Zetkin aprovada, pela primeira vez foi celebrado, na Alemanha, na Dinamarca, na Suíça e na Áustria, o Dia Internacional da Mulher. A rigor, a primeira comemoração aconteceu em 19 de março de 1911. Nesse dia, mais de um milhão de pessoas protestaram pelos direitos das mulheres nesses mesmos países. Foi apenas em 8 de março de 1914, quando as mulheres socialistas se reuniram em Berlim, em particular para exigir o direito ao voto, que a data se consolidou. O acontecimento é considerado a primeira manifestação de fato do Dia Internacional da Mulher. Enfraquecidas após o início da Primeira Guerra Mundial nesse mesmo ano, as comemorações encontraram um novo começo na Rússia.

Em 8 de março de 1917 (23 de fevereiro no calendário russo), ocorreram manifestações femininas na então Petrogrado, depois Leningrado e hoje São Petersburgo – a capital da cultura da Rússia –, com operárias exigindo alimentos e a volta imediata dos homens que estavam nas frentes de guerra. Pioneiro movimento que causou a abdicação do czar e iniciou a revolução bolchevique. Em homenagem a esse "revolucionário despertar", Vladimir Lênin teria designado a data como o dia oficial de celebração para as mulheres. Depois da Segunda Guerra Mundial, o dia 8 de março tornou-se em todos os países da então chamada "Cortina de Ferro" uma celebração da mulher.

A partir do início da década de 1970, também os movimentos feministas do Ocidente tomaram essa data simbólica para fortalecer as reivindicações por igualdade dos direitos políticos e sociais. Em 1977, a Organização das Nações Unidas (ONU), com outras organizações internacionais, oficializou a data como "Dia Internacional da Mulher". Dos 193 países do mundo, quase a metade ainda não comemora esse dia. Contudo, as mulheres seguem, desde então, enfrentando com coragem e concretos argumentos a discriminação, o preconceito e a violência. Fazendo conquistas no resgate de seus direitos. O que nunca deveria ter sido necessário.

No Brasil, os seis primeiros meses de 2020 tiveram aumento no número de mulheres vítimas de violência doméstica, em comparação com o mesmo período do ano anterior. De acordo com levantamento do "Monitor da Violência" (NEV-USP), as principais vítimas de feminicídio são mulheres negras.

Nos primeiros seis meses de 2020, 1890 mulheres foram mortas de modo violento, já na pandemia do novo coronavírus – um aumento de 2% em relação ao mesmo período de 2019. Segundo o levantamento, 631 desses crimes foram motivados por ódio à condição de gênero. Portanto, de fato feminicídios.

A Lei Maria da Penha, de 2006, foi um avanço no combate à violência contra a mulher no País. O diploma tem esse nome em homenagem à Maria da Penha Maia Fernandes, que por 20 anos lutou para ver o marido agressor preso. Ela sobreviveu às várias tentativas de morte perpetradas por ele. A determinação de Maria da Penha gerou repercussão internacional, com um processo na OEA que condenou o Brasil por negligência e omissão em relação à violência doméstica. Uma das punições foi a recomendação para que fosse criada uma legislação adequada a esse tipo de violência. E essa foi a base para a criação da lei.

A Lei Maria da Penha fez com que a violência contra a mulher no Brasil deixasse de ser tratada como um crime comum. Também acabou com as penas pagas em cestas básicas ou multas, além de contemplar a violência física e sexual, bem como a psicológica, a patrimonial e o assédio moral, cada uma delas como sendo um crime grave.

Ao ver alguma mulher que luta como uma mulher, observe que ela não usa necessariamente a cor lilás. Nem rosa, nem azul. Porque isso não significa nada além da mescla dessas duas cores, o que importa é o tom do respeito.

DE PINDORAMA A BRASIL

Em 12 de outubro de 1492, o navegador italiano Cristóvão Colombo, a serviço dos reis de Espanha, descobriu a América. Para resguardar a soberania sobre o novo território conquistado, o rei Fernando II de Aragão e a rainha Isabel de Castela, "a Católica", pediram a intervenção do Papa Alexandre VI (Rodrigo de Borja), que emitiu quatro documentos de arbitragem territorial, conhecidos como "Bulas Alexandrinas".

O sumo pontífice, por coincidência nascido em Castela, mantinha relações muito próximas com a coroa espanhola, incluindo troca de atenções. Favoreceu o seu país em detrimento de Portugal. Homem de família abastada, consta que se elegeu papa comprando votos de cardeais.

Dom João II reagiu com firmeza ao protecionismo papal. Delegações diplomáticas se reuniram por vários meses em Tordesilhas, na atual província de Valladolid, Castilla e León. Finalmente, os delegados das duas monarquias chegaram a um acordo e firmaram, em 7 de junho de 1494, um documento bilateral: Tratado de Tordesilhas.

Quando escrevi o livro *A vila que descobriu o Brasil: a incrível história de Santana de Parnaíba* (Geração Editorial), pesquisei desde o Tratado de Tordesilhas, que se encontra em museu de mesmo nome na cidade onde foi redigido, passando por outros locais da Espanha e de Portugal, até o Brasil. No Mosteiro do Escorial, em cidade próxima de Madri, encontrei um recibo assinado em 1573 pelo espião italiano Giovanni Gesio, que agia a serviço da Espanha contra Portugal, pago regiamente para conseguir uma cópia do, até então, secreto manuscrito *Esmeraldo de Situ Orbis*, de autoria do militar português Duarte Pacheco Pereira.

O que isso significa? Muita coisa interessante e pouco conhecida de nossa história.

No dia 9 de março, comemora-se, anualmente, a partida da esquadra comandada por Pedro Álvares Cabral de Portugal rumo às Índias. Que, por acaso ou propositalmente – velha questão polêmica –, invadiu o Brasil em 22 de abril de 1500.

No mencionado manuscrito secreto, que, mais tarde, tornou-se livro, Duarte Pacheco Pereira revela que esteve no Brasil antes de Cabral. O autor merece confiabilidade, até porque o respeitado poeta Luís de Camões o apelidou de "Aquiles lusitano". Portanto, Duarte, em missão sigilosa para a coroa portuguesa, que desconfiava de possíveis espertezas espanholas contra o tratado que assinaram, já havia estado no Brasil em 1498. Vale contar que Duarte foi um dos especialistas que, sendo também cosmógrafo e navegador, colaborou intensamente com a redação do Tratado de Tordesilhas, sendo um dos representantes de Portugal.

Especialistas afirmam que, mesmo antes de Duarte Pacheco Pereira – o que já muda a história conhecida –, fenícios, *vikings* e os navegadores espanhóis Diego de Lepe e Vicente Pinzón também já haviam estado no Brasil. Assim, quando em 15 de fevereiro de 1500, Pedro Álvares Cabral foi nomeado capitão-mor para a empreitada oferecida pelo rei de Portugal, Dom Manoel I, "o Venturoso", o Brasil já havia sido realmente descoberto. Consta que Cabral foi o escolhido em razão da influência exercida por dois irmãos do navegador, conselheiros de sua majestade.

Aliás, como já comentado, a missão básica de Cabral era chegar às Índias para comprar especiarias. Consta que, além desse objetivo comercial, que incluía escravos e ouro, havia interesse em localizar Preste João. Quem era? Lendário imperador da Etiópia, cristão, que poderia se tornar um forte aliado português naquelas bandas africanas. Em especial, para combater os islamistas. Um resquício de ódio pela luta quando da expulsão dos mouros da península ibérica.

Na época dos grandes descobrimentos, nobres eram nomeados para comandar missões de conquista. Entretanto, diante da comum incompetência para capitanear esquadras, eram colocados como seus imediatos profissionais competentes. Assim, Cabral, formado em Humanidades, contou com os experientes navegadores Nicolau Coelho e os irmãos Bartolomeu e Diogo Dias para ajudá-lo com 10 caravelas, três naus e uma naveta (pequena embarcação que transportava alimentos e bebidas) com 1.500 homens, que, além de plebeus aventureiros e alguns mercenários, incluíam 700 soldados.

O primeiro desafio era conseguir o que Portugal tentava durante décadas, uma rota alternativa para as Índias que não fosse pelo Mediterrâneo, área dominada pelos aguerridos etruscos e otomanos. Cabral encontrou no seu caminho o Brasil, terra onde vivia uma população estimada entre três e cinco milhões de indígenas, distribuídos por várias tribos em todo o território. Achou que era uma grande ilha, passou uns dias e seguiu rumo ao seu objetivo principal, as Índias.

Dom Pedro II, monarca intelectual, pesquisou bastante para saber se a "descoberta" do Brasil teria sido um acidente de percurso ou algo intencional. E acabou não alcançando uma posição segura. Pedro Álvares Cabral, por sua vez, entrou para a história como um grande navegador, o descobridor do Brasil. Embora há quem afirme que morreu triste, porque viveu à sombra do sucesso do patrício Vasco da Gama.

Havia, naquele tempo, como até hoje, muita intriga, traição, disputa pelo poder. O que não dispensava nomeações para equilibrar interesses de grupos. Cabral era um homem culto, educado, elegante e muito cioso de sua condição de nobre, respeitava a liturgia da sua condição social. Vasco da Gama, entretanto, foi um navegador com missões comerciais de muito êxito para as Índias.

Aqui fica a lembrança de que em 9 de março de 1500 começava o nosso futuro. Cabral poderia até saber que encontraria um imenso território, ainda inóspito, no meio da sua aventura pelos mares. Como no poema de Fernando Pessoa, que fala do mar salgado, do sal que são lágrimas de Portugal. Invasão ou descoberta, não importa. Valeu a pena, porque a alma brasileira não é pequena.

Diante da realidade, é necessário refletir e seguir em frente com coragem e esperança. Porque o passado é motivo para, no presente, com força e sabedoria, construirmos um futuro melhor e mais justo.

TEMPO DE METAMORFOSE

Quando menino, nas aulas de Ciências do curso Ginasial no Colégio Santo Inácio, no Rio de Janeiro, fui tomado por um encantamento, muito além do que o real desejo de aprender, quando o professor explicou como nascia uma borboleta. Eu já arriscava escrever versos e, para um aprendiz de poeta, a borboleta é algo inspirador – leveza, cor, magia.

Gostei de estudar a "Metamorfose". Já era repórter e não sabia, sempre fui muito curioso. Um eterno perguntador: Por quê? Por quê? Por quê? E havia lido, embora muito jovem para entender, o livro de Franz Kafka e ficado meio confuso (sempre detestei baratas). No caso da borboleta, a possibilidade de viver um processo de transformação que lhe permita a possibilidade de voar, descobrir novos lugares, pessoas, viveres é fascinante.

Muitos tempo depois, no final dos anos 1990, ao assistir ao distópico filme *Matrix* (vencedor de quatro Oscars), das irmãs norte-americanas Lilly e Lana Wachowski, observei que um dos personagens podia escolher entre despertar ou seguir adormecido na sua "matriz". A metamorfose naquela falsa realidade capaz de libertar alguém do mundo sonhado era como a das borboletas. Na época, já havia relido e entendido Kafka. E também era capaz de alcançar a transformação pessoal das irmãs Wachowski.

Hoje, diante das questões políticas que nos perturbam, recordo os tempos do colégio dos padres jesuítas, quando, então fascinado pelas descobertas biológicas que permitiam criar textos fora do mais do mesmo, achava instigante uma lagarta nojenta se transformar em uma arrebatadora borboleta.

O professor, educador sensível e inteligente, ensinava de verdade – não deixava apenas decorar para passar nas provas. De maneira lúdica, mostrou que a lagarta com o passar do tempo se tornava um ser guloso, esfomeado e, quando tanta comida a tornava obesa em muito ultrapassando

|113|

suas necessidades metabólicas, começava a morrer. Nesse momento, acontecia algo fantástico: surgiam as células imaginativas.

Células imaginativas… Não é figura de linguagem, existem mesmo! Por serem novidade no sistema imunológico da espécie, são atacadas pelas últimas forças da morrediça lagarta. Como atuam em uma frequência própria, não se deixam atingir. Vão se unindo, criando núcleos e, na sequência, conectam-se e se tornam ainda mais fortes. E acontece algo determinante: um gene adormecido desperta e traz um novo ser, e a lagarta alimenta a borboleta que nasce. E não pode ser ajudada a se livrar do casulo, porque, caso isso aconteça, não terá a necessária força para voar.

A metamorfose transforma a lagarta em borboleta, dando-lhe, pela união de objetivos comuns, uma nova existência capaz de – conscientemente – ser muito mais útil, porque na sua diversidade, que alcança 25 mil espécies, esse inseto exerce um papel essencial à vida pela polinização dos ecossistemas, fonte de alimento e bem-estar. Um exemplo motivador para nós, humanos, do que seja *awakening*, o despertar.

Estamos vivendo tempos complexos, de insegurança e medo. Não podemos morrer por desconhecimento, por falta de respeito comum. Devemos fazer como ensina a metamorfose da lagarta ao se tornar borboleta. Ter coragem para transformar, unir para vencer os desafios que se impõem. Conscientes e motivados, apesar das adversidades, podemos ser muito mais fortes e mudar o destino. A pandemia não pode ter sido em vão, apenas para roubar vidas.

A estrutura social deve evoluir no aprendizado, é hora de sair do marasmo da simples aceitação do óbvio, das mesmices que a autoajuda oferece e construir um mundo novo. Vamos superar o medo, o consumismo irresponsável, o desamor, o egoísmo, a corrupção crônica e derrubar a violência com educação e cultura. Há espaço para nos unirmos como as células imaginativas e formar núcleos que gerem mudança, transmutação, metamorfose.

O mundo é nosso, a vida é nossa. Vamos sonhar o sonho possível e vencer a pandemia construindo novos tempos de paz, com liberdade e justiça social. A indígena guatemalteca Rigoberta Menchú Tum, da etnia Quiché-Maia, Prêmio Nobel da Paz (1992), disse: "Este mundo não vai mudar, a não ser que estejamos dispostos a mudar a nós mesmos".

MERCOSUL: 30 ANOS

Nas terras sob o céu no qual brilha a constelação do Cruzeiro do Sul, principal elemento de orientação deste hemisfério, as cinco estrelas principais simbolizam o sentido otimista que, em 26 de março de 1991, em Assunção (Paraguai), norteou a criação do Mercado Comum do Sul. O Mercosul é uma organização de integração regional formada por Argentina, Brasil, Paraguai e Uruguai. Respeitando seu princípio democrático, aberto e desenvolvimentista, o bloco acolheu a República Bolivariana da Venezuela (suspensa desde 2016, por descumprir normas) e analisa o processo em curso de adesão do Estado Plurinacional da Bolívia. Os idiomas oficiais do Mercosul são o Espanhol, o Português e o Guarani.

O Mercosul, que em 2021 comemora seus primeiros 30 anos, é um organismo fundamental para a promoção da cooperação, do desenvolvimento, da paz e da estabilidade na América do Sul. É inegável sua importância no cenário internacional, pois se estende sobre quase 15 milhões de quilômetros quadrados (cerca de 75% do território sul-americano); tem população acima de 300 milhões de pessoas, com rica diversidade étnica e cultural; é a 5ª economia do Planeta (PIB de quase US$ 3 trilhões); dispõe de imensos recursos energéticos, tanto renováveis quanto não renováveis; e, por fim, tem ecossistemas (continentais e marítimos) nos quais se encontram grandes reservas de biodiversidade, incluindo o Aquífero Guarani – a maior bacia de água doce do Planeta.

A ideia de constituir blocos de países, em especial com objetivos econômicos, não é nova. Nem mesmo aqui em nosso continente. O aristocrata venezuelano Simón José Antonio de la Santísima Trinidad Bolívar y

Palacios Ponte-Andrade y Blanco, conhecido apenas como Simón Bolívar, no século XIX já defendia um pan-americanismo para integrar a então denominada América Espanhola. Ele, cognominado "O Libertador", conquistou a independência de seis países sul-americanos: Bolívia, Colômbia, Equador, Panamá, Peru e Venezuela.

Desde Bolívar, revolucionário com origem na elite que também lutou pela democracia no continente, muitas foram as iniciativas de integração econômica e social na região: Comissão Econômica para a América Latina (Cepal); Associação Latino-Americana de Livre Comércio (Alalc); Pacto Andino; Associação Latino-Americana de Integração (Aladi); Tratado de Buenos Aires e Tratado de Assunção. O Mercosul, entretanto, tem obtido resultados mais efetivos no trato dos interesses comuns dos países-membros. Múltiplos acordos políticos, econômicos e de cooperação foram assinados, inclusive com outros blocos continentais. México e Nova Zelândia são países observadores do Mercosul, demonstrando o interesse internacional além dos limites geográficos sul-americanos. O tratado de livre-comércio entre Mercosul e União Europeia, por exemplo, assinado em 28 de junho de 2019, segue pendente do processo de ratificação. Desnecessárias rusgas diplomáticas criadas com presidentes europeus pelo governo Bolsonaro retardam a conclusão do importante acordo, prejudicando não apenas o Brasil, como também os demais países. Esse, quando concluído, poderá ser o maior acordo do gênero em todo o mundo.

O Mercosul tem evoluído para aspectos de outros interesses, além do econômico. Há positivos resultados em matérias migratória, trabalhista, cultural e social, todas de interesse dos habitantes dos países-membros. São avanços nos campos da cidadania e dos direitos humanos que, entre outros esforços, têm exigido adaptações e rupturas de barreiras legais e econômicas. Nessa direção, foi criado o Fundo para a Convergência Estrutural do Mercosul (Focem). Esse fundo, com uma contribuição anual de mais de US$ 100 milhões, financia projetos que aumentam a competitividade, estimulam a integração social e contribuem para a redução de assimetrias entre os integrantes do grupo de países.

Ainda há muito que realizar para que o Mercosul cumpra seu papel de maneira ampla. Os desafios estão na livre circulação de bens, serviços e outros fatores produtivos, incluindo o trânsito aberto de pessoas; a coordenação de políticas macroeconômicas e setoriais; e a convergência das legislações nacionais dos países-membros.

União, diálogo, entendimento são caminhos sempre mais seguros para o desenvolvimento. Que o Mercosul, nos próximos anos, siga avançando pela paz e pelo crescimento sustentado do Cone Sul de nosso continente.

GENOCIDA OU INCOMPETENTE

A palavra "genocida" está na pauta do dia. Substantivo e adjetivo de dois gêneros, cuja etimologia está na junção do prefixo "geno", com o sentido de "raça", e do sufixo "cida", determinando aquele ou aquela "que mata". Genocida é quem extermina muita gente em pouco tempo.

No século XIII, o imperador Gengis Khan, na Ásia e no Leste Europeu, matou cerca de 40 milhões de pessoas. Ele pretendia instaurar uma grande confederação, que o levasse à condição de "dono do Mundo". No século seguinte, o turco-mongol Tamerlão, outro imperador, resolveu concretizar o sonho não realizado de Khan. Na Ásia Central e no Oriente Médio, sob fundamento islâmico, matou em torno de 17 milhões de pessoas, 5% da população mundial, à época.

Na década de 1890, o rei Leopoldo II, na extração da borracha, dizimou entre 5 e 8 milhões de pessoas escravizadas no Congo, então colônia da Bélgica. Entre 1915 e 1923, na Turquia, da 1ª Guerra Mundial até a queda do Império Otomano, o governo matou de 2 a 2,7 milhões de pessoas consideradas "traidoras" por terem lutado ao lado da inimiga Rússia.

Armênios, curdos, gregos, assírios foram vitimados pela fome e por maus-tratos em campos de concentração.

Na década de 1930 a 1940, Josef Stalin, no comando da então URSS, obrigou que alguns países da Cortina de Ferro exportassem a totalidade dos alimentos produzidos para manter a economia, matando entre 20 e 25 milhões de pessoas de fome. Disse Stalin: "A morte de uma pessoa é uma tragédia; a de milhões, uma estatística". De 1939 a 1945, o nazismo, sob a liderança de Adolf Hitler, exterminou de 17 a 20 milhões de pessoas na Europa. Foram judeus, ciganos, romenos, sérvios, eslavos e, também, deficientes físicos e *gays* de qualquer origem étnica.

Em 1945, após a 2ª Guerra Mundial, Stalin obrigou os estrangeiros que estavam no Leste Europeu a regressarem a pé aos países de origem. Morreram entre 1,5 e 2 milhões de pessoas. De 1958 a 1969, no "Grande Salto Adiante", Mao Tsé-Tung comandou na China e no Tibete um conflito para criar potências industriais. Morreram de fome 40 milhões de pessoas. Na "Revolução Cultural", de 1966 a 1969, houve novo extermínio na China. Desta vez, com outra "preocupação econômica": a família do condenado era obrigada a pagar pela bala usada para matar o parente.

Em 1971, a leste do Paquistão aconteceu a guerra para independer Bangladesh. De 2 a 3 milhões de muçulmanos, separatistas hindus e sikhs foram mortos. Entre 1975 e 1979, Pol Pot, líder do "Khmer Vermelho", no Camboja, comandou uma revolução que, em quatro anos, exterminou 1,7 milhão de pessoas de fome nos campos de concentração – 20% da população do país, à época. Foram sumariamente executados intelectuais, professores, artistas, estrangeiros ou os que usassem óculos. No entendimento de Pot, o uso de óculos determina ser culto, instruído e, portanto, perigoso.

Em 6 de abril de 1994, o presidente de Ruanda, Juvénal Habyarimana, de etnia hutu, é assassinado em pleno voo quando voltava da Tanzânia. Horas depois, a primeira-ministra ruandesa Agathe Uwilingiyimana, também hutu, seria morta por membros da Guarda Presidencial. Os responsáveis pelos atentados nunca foram condenados. Os hutus, prováveis assassinos, aproveitaram a omissão e apontaram os tutsis como culpados. Foi o pretexto para que as milícias hutus mobilizassem a população da etnia para atacar os adversários. Quem matasse um tutsi poderia se apossar da propriedade da vítima, sem nenhuma punição. De 800 mil a 1 milhão de pessoas foram mortas em três meses e pouco – o equivalente a 70% da população tutsi, naquele momento.

Como se pode constatar, por absurdas razões de caráter étnico, religioso, ideológico, econômico, cultural e outros, os genocidas assassinaram milhões de seres humanos ao longo dos séculos. Com o alto número de vítimas da pandemia da covid-19 no Brasil, a falta de planejamento e o descaso para com a gravidade do problema, sem falar de quatro ministros da Saúde em apenas dois anos, a palavra genocida está nas conversas de todos os brasileiros. Saber se a aplicação do termo é correta ou não, no aspecto legal, é um debate para os juristas. Já quanto às mortes por incompetência...

O SILÊNCIO DO CONIVENTE

O Senado brasileiro instaurou uma Comissão Parlamentar de Inquérito (CPI) para investigar o que o governo Bolsonaro pode ter feito de errado quanto a consciência, planejamento, estratégia e ação contra a pandemia da covid-19.

As CPIs têm poder, geram *impeachment* de presidentes. Fernando Collor caiu ao final de uma CPI. De 1988 para cá, esse tipo de investigação conquistou ainda mais força, passando a quebrar sigilos bancário, fiscal e telefônico como, até então, só o Judiciário tinha condição de fazer.

O que determinará essa nova CPI? O parlamento, a quem cabe, por vontade popular, a fiscalização do Executivo, vai ou não cumprir, rigorosamente, com a liberdade de apurar e determinar a culpa da tragédia? Em plena pandemia, além de negacionismo e outros erros, em dois anos foram nomeados quatro ministros da Saúde.

O grande personagem dessa CPI é, sem dúvida, o general de divisão do Exército Brasileiro, Eduardo Pazuello. Qualquer resultado começará, passará e terminará nele. Pazuello não tem formação na área da Saúde, nem mesmo em Logística, que teria sido o bom motivo pelo qual Bolsonaro o nomeou para ministro. A rigor, traz no seu currículo denúncias de corrupção que envolvem curso de paraquedistas e desvio de munição nos tempos em que estava nos quartéis. Sua passagem pelo Ministério contabiliza desde a recomendação de uso da cloroquina, cientificamente não comprovada, passando por descaso e militarização da pasta, incentivo à desinformação sobre a pandemia, atrasos na compra de vacinas e responsabilidade pelo colapso nos hospitais de Manaus, no Amazonas, gerando muitas mortes.

Fontes informam que Pazuello vem sendo "treinado" para sair-se bem na CPI e proteger Bolsonaro. Perda de tempo, ele não assimila esse tipo de preparo, é autoritário demais para isso. Outras fontes asseguram que ele já teria aceitado o sacrifício da condenação para proteger o presidente. Por fim, ainda corre por fora a hipótese de ser fidedigno aos fatos e mostrar quem, de fato, tem a principal responsabilidade pelas consequências da má gestão. Aquele ao lado do qual deixou claro, em uma entrevista, que militar apenas cumpre ordens.

Bolsonaro tentou dar um novo cargo a Pazuello no governo no qual tivesse foro privilegiado e, assim, ficasse "blindado". Não conseguiu, teria de desalojar outro militar ou, pior, sacrificar indicados de aliados políticos, em especial do Centrão. Um dia depois de ser exonerado do Ministério da Saúde, porém, a Procuradoria-Geral da República pediu o envio do inquérito contra Pazuello para a primeira instância.

Recente portaria retornou Pazuello ao Exército. O documento não detalha qual posto o general ocupará, mas é bem provável que seja um cargo restrito a militares no Ministério da Defesa. Enquanto isso, a CPI ouvirá muitos depoimentos. Vai lidar com "nitroglicerina pura". Pazuello – seja qual for o resultado final da investigação parlamentar – é o personagem mais cotado para ter a culpa de uma tragédia muito maior do que ele teria, sozinho, a capacidade de gerar.

BÜCHERVERBRENNUNG

Em alemão, *"Bücherverbrennung"* é o termo que significa queima de livros. Os nazistas, entre 10 de maio e 21 de junho de 1933, após a ascensão de Adolf Hitler ao poder, queimaram livros em vários pontos de algumas cidades da Alemanha, em especial Berlim e Munique. Era a censura buscando impedir a liberdade do saber, do refletir e do lutar pelo direito à opinião.

Foram destruídos cerca de 20 mil livros que, segundo os padrões impostos, fugiam ao pensamento nazista. A grande maioria dos autores perseguidos era formada por estrangeiros, denominados *"undeutsch"*. As "fraternidades estudantis", notadamente do Destacamento Tempestade (SA) e da Tropa de Proteção (SS), participaram desses crimes contra o livre pensar, disputando quem conseguia um maior resultado.

Entre as 3 mil obras condenadas a ser "queimadas" estavam livros de: Thomas Mann, Heinrich Mann, Walter Benjamin, Bertolt Brecht, Lion Feuchtwanger, Leonhard Frank, Erich Kästner, Alfred Kerr, Robert Musil, Carl von Ossietzky, Erich Maria Remarque, Joseph Roth, Nelly Sachs, Ernst Toller, Kurt Tucholsky, Franz Werfel, Sigmund Freud, Friedrich Nietzsche, Albert Einstein, Karl Marx, Heinrich Heine e Ricarda Huch.

O novelista alemão Oskar Maria Graf – é curioso e cabe destacar – não foi incluído na lista dos inimigos do nazismo. Seus livros não foram queimados, mas sim até "recomendados" pelos incendiários. Graf, então, publicou um artigo intitulado *"Verbrennt mich!"* (Queimem-me!) no *Arbeiter-Zeitung* (Jornal dos Trabalhadores), editado e publicado em Viena, na vizinha Áustria. Um ano depois, o seu dramático apelo foi atendido pelos nazistas e os seus livros também foram destruídos.

O mais triste é que a grande maioria da população e até os intelectuais, talvez impactados e não vislumbrando futuras drásticas consequências, não ofereceram resistência à destruição do saber. Editoras e distribuidoras reagiram com oportunismo comercial, e a sociedade distanciou-se, limitando-se apenas a observar os lamentáveis fatos. A comunidade internacional, por sua vez, ficou na simples aceitação desse absurdo, que à época classificou como "pontual fanatismo estudantil".

Thomas Mann, romancista alemão que havia conquistado o Prêmio Nobel de Literatura (1929), foi um dos poucos que se pronunciou publicamente denunciando ao mundo essa barbárie e os péssimos sinais em relação ao futuro. Ele havia se refugiado espontaneamente na Suíça em 1933 e, seis anos depois, foi para os Estados Unidos. Em Davos, visitei o hotel onde ele viveu e escreveu o livro *A montanha mágica* (vale a leitura). Quando a Faculdade de Filosofia da Universidade de Bonn cassou seu título de doutor *honoris causa*, Mann declarou:

> *Nestes quatro anos de exílio involuntário, nunca parei de meditar sobre minha situação. Se tivesse ficado ou retornado à Alemanha, talvez já estivesse morto. Jamais sonhei que, no fim da minha vida, seria um emigrante, despojado da nacionalidade, vivendo desta maneira!*

Como disse o poeta alemão Heinrich Heine: "Onde se queimam livros, acaba-se queimando pessoas". E foi o que aconteceu nas câmaras de gás dos campos de concentração do nazismo.

Assim, neste dia 10 de maio em que o mundo recorda os 88 anos desse criminoso ato contra a liberdade de saber, refletir e transformar, cabe a análise de atitudes de nossos governantes que consideram livros supérfluos, entretenimento de poucos ricos e que podem, e devem, ser tributados em um País no qual se lê muito pouco.

Governantes que não querem o povo educado, culto, informado devem merecer, no mínimo, nossa desconfiança e repúdio. Livros são instrumentos de liberdade, independência, soberania e desenvolvimento. Povo educado, culto, informado adoece menos, morre menos, produz mais, evolui sempre e garante o progresso dele próprio e do País.

Quando você tiver um tempo, assista ao belo filme do premiado diretor francês François Truffaut (ícone do movimento *Nouvelle Vague*), baseado no romance do escritor e roteirista norte-americano Ray Bradbury, *Fahrenheit 451*. Você sentirá emoção ao ver o que pessoas responsáveis e sensíveis são capazes de fazer contra o obscurantismo da queima de livros.

Não se admire ao constatar que o tempo passa, mas ideias medíocres ressurgem mostrando que as lições do passado não foram aprendidas. É a falta que a leitura faz...

O TIO SAM NÃO É MAIS AQUELE

Os Estados Unidos, nação que sempre pretendeu dominar o mundo, está diferente. O que mudou na terra do Tio Sam?

Tudo na vida é cíclico. Até mesmo uma democracia estável, como a norte-americana, surpreende ao ser abalada como aconteceu nos últimos dias do governo Trump. Ele próprio é um exemplo das intempéries políticas que pode sofrer um país.

É interessante observar, no caso dos Estados Unidos, que por quase 50 anos, de Roosevelt a Reagan, o estilo de governo foi um Estado forte, corajoso, produtivo. Ora com um republicano, como "Ike" Eisenhower, ora com um democrata, como Lyndon Johnson, tudo estava equilibrado, dentro da mesma cartilha.

Nas últimas quatro décadas, entretanto, o que se viu foi um período tranquilo, sob um jeito modesto de ser. "Bill" Clinton comentou: "A era do governo grande terminou". Agora, com "Joe" Biden no *manche* do *airbus*, tem início um processo de mudanças. E não é apenas o estilo de gestão. O novo presidente norte-americano não é um burocrata, como o russo Putin; nem um financista como o francês Macron; tampouco um fanfarrão como o norte-coreano Kim Jong-un.

Biden é do tipo menos "eu", mais "vocês". Ele não cria inimigos para legitimar políticas de Estado, opta por buscar parceiros e mudar a narrativa histórica dos que governaram antes dele. Não entra no discurso vazio da não globalização.

Distante do populismo crescente, longe do imaginário de que há uma conspiração de esquerda contra o mundo, Biden é um equilibrado e discreto governante. O que não o impede de ser astuto político, conciliador que não deixa de exercer o poder com a ambição de realizar. Prova disso: com muito pouco tempo na Casa Branca – sem alaridos – aprovou três pacotes que envolveram quatro trilhões de dólares.

Joe Biden completou os primeiros 100 dias de governo mudando o rumo de quase todas as políticas do seu antecessor, Donald Trump: covid-19, meio ambiente, segurança, imigração, saúde, direitos humanos, relações internacionais. Biden iniciou seu mandato com 44% de aprovação do público norte-americano, segundo pesquisa da NBC News. A taxa cresceu para 50% em abril de 2022 considerando sua gestão como boa e ótima.

O presidente norte-americano já sinalizou que vai crescer tributos sobre as grandes corporações, para distribuir melhor a renda diminuindo desigualdades sociais. Sonhando grande para alcançar o mais perto possível, promete investir em modernas tecnologias. Menos bélico, mais empreendedor. Consegue de maneira muito especial agir em duas pontas distintas, ficando no centro e evitando polêmicas.

O que mudou nos Estados Unidos está em quem é o seu principal competidor. Sai Rússia, entra China. Em vez de guerra armamentista, agora a disputa é comercial. E isso, é claro, sem abrir mão da imagem de defensor internacional da democracia. Novo tempo, nova visão desenvolvimentista, respeitando direitos humanos e sustentabilidade.

Biden, além da crise econômica enfrenta também a sanitária. Promovendo virada histórica, acaba de anunciar apoio à suspensão das patentes de vacinas contra a covid-19 para acelerar a produção de imunizantes em países em desenvolvimento. E, ainda por cima, reage à fragilidade democrática herdada do desastroso governo Trump. Enfim, transformações em curso geram expectativa em todo o planeta, inclusive aqui no Brasil, histórico parceiro norte-americano nos princípios liberais e nos negócios. Contudo, ultimamente, o governo Bolsonaro – que segue fiel ao estilo Trump – anda interessado em obter recursos dos Estados Unidos para, supostamente, proteger a Amazônia. Biden abrirá o cofre?

PINÓQUIO: FICÇÃO OU REALIDADE?

Há certos temas que são como certos sentimentos, embora ocorrentes, tornam-se recorrentes. Portanto, diante do que está acontecendo na CPI da Covid-19 no Senado Federal, voltamos todos a falar sobre algo que se faz presente e causa indignação a quem, como muitos de nós, não tem esse péssimo hábito: mentir.

Foi na Itália que um jornalista chamado Carlo Lorenzini, nascido em Florença em 1826, escrevendo histórias infantis sob o pseudônimo de "Collodi" (o vilarejo de sua mãe, na Toscana), criou um personagem que – para a eternidade – se tornaria símbolo dos que contam mentiras. Em 1881, nascia o travesso "Pinocchio", com suas histórias escritas por Collodi e desenhadas por Eugenio Mazzanti.

Dizem que o jornalista e escritor era muito solitário, assim teria imaginado um velho marceneiro desejoso de ser pai, "Gepeto", que ao encontrar um belo pedaço de madeira idealizou fazer uma marionete para ter companhia. Sua vontade de que o boneco tomasse vida foi tão forte, que o sonho aconteceu.

O pequeno Pinóquio, que significa pinhão em italiano, tem o hábito de contar mentiras. No entanto, toda vez que faz isso, seu nariz cresce e é descoberto. Além de mentiroso, ele é desobediente, assim, foge e se perde, embarcando em uma aventura repleta de mistérios que o leva a descobrir os perigos do mundo. Se você ainda não leu esse livro, procure conhecê-lo, porque é bem interessante.

Meu saudoso pai, desde cedo, educou-me a sempre falar a verdade. E me fazia ler a história do Pinóquio, lembrando que a mentira tem pernas curtas, mas nariz grande. A imagem ficou para sempre. No ofício de jornalista, deparei-me com vários "pinóquios" da vida real. Em todas as profissões, mas muito mais na política. Segundo a Psicologia, as pessoas mentem para protegerem a si mesmas, para evitar confrontos, polêmicas, confusões. E também para se fazerem importantes ou se incluírem em um grupo. São problemas relacionados com a falta de autoestima.

Há mentiras históricas que não se consegue apagar: o homem veio do macaco; raios não caem duas vezes no mesmo lugar; palavra saudade não tem equivalente em nenhum outro idioma; muralha da China pode ser vista do espaço; foram os ingleses que inventaram o futebol; o tango é argentino ou uruguaio; a Amazônia é o pulmão do mundo. E por aí vão as mentiras que se tornaram "verdades" por terem sido repetidas muitas vezes, e sem contestação.

Nesses tempos em que a demagogia tem estado mais presente do que nunca – com as *fake news* sendo usadas pelo populismo irresponsável –, ao notar que a pandemia está sendo relativizada e que o negacionismo gera graves problemas no combate à real doença que já matou em torno de 450 mil pessoas no Brasil, nem temos o direito de, como é tradição, brincar com as pessoas contando mentiras.

Não há mentira "perdoável", como se costuma justificar o erro. Não existe régua de medir mentira, se pequena ou grande. Mentira é mentira. Além disso, já temos um grande mentiroso que está causando muita tragédia, em vez de apenas educar de maneira lúdica como o genial Pinóquio faz há quase um século e meio.

ENTRE O AMOR E O ÓDIO

Na era digital, na dinâmica da modernidade, tudo mudou. Entretanto, algumas coisas boas e algumas coisas ruins permanecem como foram desde sempre. Muda apenas a forma. Eu sempre achei que ser namorado é o mais perfeito estado civil, pena que não é reconhecido como tal. A rigor, se fosse, talvez estragaria tudo.

Namorado é – o tempo todo – romântico, criativo, amoroso, apaixonado, atraente, conquistador, generoso, atento, amigo, cúmplice, amante, parceiro e, acima de tudo, compreensivo, paciente e corajoso. Marido e companheiro nem sempre. Namorado age como se tivesse um imenso compromisso, embora seja livre e respeite a liberdade da pessoa amada. Passa o tempo todo construindo a relação como se fosse um grande castelo. Namorado sonha, e realiza sonhos.

Namorado é determinado com a maior qualidade de uma relação: conquistar. E isso é o que lhe dá um estado de espírito diferente, especial e encantador. E relação sem encantamento não tem sucesso. Namorado diz palavras bonitas, faz surpresas, reinventa o mundo, transforma realidades. Namorado é o único ser repetitivo que não é chato, porque a pessoa amada adora ouvir de novo: "Eu te amo!". E namorado sabe dizer isso a cada nova vez sem mais do mesmo, fora da caixinha.

Igual a tudo na vida, namorado tem princípio, meio e fim como determinou, na antiguidade clássica, o filósofo grego Aristóteles. Em suas famosas unidades, escritas entre 335 a.C. e 323 a.C., embora com outros afazeres, ele se ocupou de ensinar a como escrever poesia. Já havia o amor. Há, na vida, diferentemente do jeito maravilhoso de ser namorado, muitas coisas que mudam, de maneira drástica, com o tempo. E não têm as unidades aristotélicas, são eternas porque, como o amor, também o ódio e outros sentimentos menores fazem parte da alma humana.

Exemplo disso está em como mudaram os golpes de estado. O namorado incorporou apenas a tecnologia, envia palavras de amor pela internet. O político golpista mudou a forma de rasgar constituições, destruir democracias, desrespeitar liberdades. Comete crimes, aparentemente delicados, contra a sociedade, agora sem fuzis e canhões. O golpe, hoje, acontece de modo mais lento, desestruturando as instituições por dentro, em certos casos até com eleições.

É preciso estar atento e forte. Como no mais puro amor, lembrando sempre a necessidade da eterna vigilância contra o ódio. E reagir a qualquer tipo de sedução da consciência. Como todo dia é dia dos namorados, surpreenda a pessoa amada, seja quem for, dizendo o que provavelmente ela já sabe, mas que gostará de ouvir de novo e sempre: "Eu te amo". E sorria, cante, dance, escreva, desenhe, brinque – o namorado tem licença para ser assim, um adorável maluquinho. Só o namorado, o político não!

UM GRITO PARADO NO AR

O exercício do poder é um ato de coragem. Principalmente, por ser algo que, em última instância, é solitário. E, quase sempre, muda a essência de quem o exerce. Na peça *Antígona*, clássico teatral do grego Sófocles, escrito por volta de 440 a.C., está a máxima de que só se conhece verdadeiramente um homem quando ele exerce o poder e executa as leis. Na observação que fazemos dos políticos antes e depois de eleitos, esse pensamento comprova-se ao longo da história.

O candidato tem um discurso, o eleito tem uma prática. A pessoa é a mesma, os atos dela muitas vezes não. E qual é o motivo? Muito simples, a campanha permite o sonho do candidato e o de seus eleitores. O exercício do poder já exige o entendimento realista dos cenários em cada momento, porque administrar é obter os aliados necessários à governabilidade, evitando os oportunistas sempre de plantão. O grande desafio do administrador público reside em negociar apoio para exercer o poder na sua plenitude, mas sem fugir aos compromissos de campanha feitos com os que o elegeram. E também sem faltar aos próprios princípios e ideais, quando existem.

São décadas de democracia, uma árdua e sofrida vitória de todos nós. É incontestável a importante participação que a sociedade brasileira teve no processo de reconquista da liberdade. E temos justo orgulho disso. Entretanto, com triste ironia, o que se verifica no Executivo, no Legislativo e no Judiciário, com honrosas exceções, são retrocessos que não combinam com a luta por uma plena reconstrução do Estado de direito.

Quando não há saúde, emprego, educação, segurança, cultura e, em especial, respeito, e em igualdade para todos, também não há democracia plena.

Os mais velhos, que viveram os anos cinzentos da repressão, são capazes até de engolir incompetência administrativa do Executivo, atitudes levianas do Congresso e equívocos de julgamento do Judiciário, sempre tendo viva na lembrança as tristes e ameaçadoras imagens dos anos de chumbo. E os jovens, que apenas conheceram estas últimas décadas, o que estamos lhes ensinando? Saberão eles, amanhã, dar o devido valor à democracia, defendê-la quando necessário?

O que vemos acontecer no País? O governo segue sem rumo, e sem medo de ser infeliz. Quem se comporta dessa maneira precisa "inventar" o suficiente para encobrir o que está devendo à sociedade. O Banco Central volta a elevar a taxa de juros, supostamente para impedir a inflação. A medida reduz demanda, não estimula investimentos, encarece o crédito, trava a produção, complica a questão fiscal do próprio governo. A taxa real de câmbio está alta, tanto quanto o desemprego. Não há crescimento econômico sustentado.

Por que não reduzir os gastos públicos, equilibrando as contas do governo e evitando que o remédio contra a inflação seja tão forte que acabe matando o doente? Não. Ao contrário, o que se vê em toda parte é o cumprimento do velho ditado baiano: "Farinha pouca, meu pirão primeiro".

O balaio de gatos que é a base aliada do governo que o diga, sempre ávida por emendas que lhe permitam ações demagógicas e eleitoreiras.

Não questiono o mérito de algumas poucas ações, encoberto por muitas lamentáveis ações. A questão da falta de planejamento, estratégia e responsabilidade no trato da pandemia da covid-19, postergando importantes medidas, já causou quase meio milhão de mortes. Eis a pergunta que boa parte dos brasileiros tem entalada na garganta: Os poderes constituídos que representam os nossos interesses estão pensando em nós? Eis a resposta: Não.

Temos uma grave dívida social a ser resgatada. Um País que ainda precisa lutar para que a fome seja zero, necessita de investimentos, de produção, de desenvolvimento. Fatores que geram empregos e permitem ao povo vencer a miséria com a dignidade do próprio sustento, sem paternalismos. Sem deixar que, como disse o inesquecível publicitário Carlito Maia, a Nova República seja a mãe da velha.

Nosso justo, triste e revoltado pesar precisa levar o governo à reflexão. Não podemos mais seguir ignorando os fatos, acreditando nos sonhos de campanha como se eles, num passe de mágica, tenham se realizado, ignorando a dura realidade. Há um grito de insatisfação que está nas casas, e não nos palácios, que sai do coração dos desesperançados e não entra na mente dos governantes que vivem na solidão do poder.

Há, como disse corajosamente Gianfrancesco Guarnieri na sua metáfora teatral de 1973, "Um grito parado no ar". É tardia a hora de escutar o povo. Mais trabalho, menos discurso. Mais gestão, menos campanha política.

A REPENTINA POPULARIDADE DO BUTANTAN

Para quem, como eu, trabalha há muitos anos em Comunicação, pode parecer natural o que não é popular – de repente – passar a ser alvo do interesse de todos e ter destacada presença diária na mídia impressa e eletrônica. E, por consequência, tornar-se tema das conversas sociais no País e no Exterior. Entretanto, para quem não é especialista, parece que só agora ficou midiático e de interesse da massa o que sempre esteve aí, prestando bons serviços.

Falo do Instituto Butantan, que, até a pandemia da covid-19, era conhecido por poucos apenas como uma espécie de zoológico de cobras e outros animais peçonhentos e que, por isso, tinha o antídoto para as picadas de serpentes, aranhas, escorpiões, lacraias etc. Uma visão superficial e bem simplista de um complexo científico da maior relevância para São Paulo, o Brasil e a América Latina – respeitado em todo o mundo.

Quem vive em São Paulo, tenha sido levado pelos pais ou professores, já deve ter visitado o Butantan. Até então pela sua parcial fama, apenas referenciado como sinônimo de local que reúne muitas cobras. Colocação usada em piadas sobre as sogras ou para destacar uma pessoa muito capaz, alguém que é "cobra" em determinada atividade.

"Butantan" é um termo da língua tupi-guarani que significa "terra duríssima", pela junção de *yby* (chão) e *atã-atã* (muito resistente). A região do Butantã era rota de passagem de bandeirantes e jesuítas catequistas que se dirigiam ao interior do País, como conto no livro *A vila que descobriu o Brasil* (Geração Editorial). Foi na região do Butantã que Afonso Sardinha montou o primeiro armazém de açúcar da vila de São Paulo, em terra recebida em 1607. A antiga sesmaria teve, ao longo do tempo, vários nomes: Ybytatá, Uvatantan, Ubitatá, Butantan e, finalmente, Butantã.

Existe muita confusão entre o que seria o certo: Butantan ou Butantã, exatamente pela recente popularização do Instituto. Na língua portuguesa de hoje, a grafia correta da palavra é com "ã" no final. O nome do Instituto é com "n" porque esse era o usual no tempo em que ele foi fundado, em 1901, na Zona Oeste da capital paulista. Sua origem está associada ao combate da peste bubônica, que nos últimos anos da década de 1890 causava uma epidemia. Para produzir o soro contra a peste, foi escolhida uma área então distante do centro paulistano, com a preocupação de preservar as pessoas.

Na Fazenda Butantan, às margens do Rio Pinheiros, foi instalado um laboratório junto ao Instituto Bacteriológico do Estado de São Paulo, que, dois anos depois, tornou-se Instituto Serumteráphico, passando a atuar na área de pesquisa e produção de soros. Sob a coordenação do médico Vital Brazil, convidado por Adolfo Lutz, outro importante cientista que à época dirigia o Bacteriológico, tiveram início importantes pesquisas. Vital Brazil também trabalhou com Oswaldo Cruz e Emílio Ribas, em especial no combate a: peste bubônica, tifo, varíola e febre amarela.

Foi lá, no antigo Bacteriológico, que Vital Brazil desenvolveu, no início quase sem recursos, significativas pesquisas seguidas da produção de medicamentos. Em 1903, resultado de muita dedicação científica, Vital Brazil anunciou a descoberta do soro antiofídico. O produto foi desenvolvido por meio de anticorpos gerados no sangue dos cavalos, depois da injeção de uma pequena quantidade de veneno da própria cobra. Depois da descoberta, outros soros também passaram a ser produzidos no Instituto Butantan. E surgiram vacinas contra tifo, varíola, tétano, psitacose (febre dos papagaios), disenteria bacilar (infecção aguda do intestino) e BCG (tuberculose). As sulfas e as penicilinas vieram mais tarde. As picadas de aranhas, escorpiões e lacraias venenosas deram origem a novos soros. Vital Brazil ficou mundialmente conhecido pela descoberta dos antídotos contra ataques de animais peçonhentos, bem como dos soros contra o tétano e a difteria.

Somente em 1925, o nome oficial passou a ser Instituto Butantan, hoje vinculado à Secretaria de Estado da Saúde do governo de São Paulo. O conjunto arquitetônico foi tombado pelo Patrimônio Histórico, em

1981. Além dos serpentários, com mais de 60 espécies brasileiras, também estão expostas aranhas, lacraias e escorpiões. Os visitantes podem, ainda, desfrutar do parque, no entorno dos edifícios, com suas árvores raras e bucólicas alamedas. E visitar o Museu do Instituto Butantan (MIB) e o Museu Histórico. O Hospital Vital Brasil, que funciona no Instituto Butantan, permanece aberto dia e noite. O tratamento é gratuito para qualquer pessoa picada por cobras, escorpiões, aranhas, lacraias e outros animais desse tipo.

Embora com uma longa e respeitada história construída com pesquisas e estudos puramente científicos, somente agora, 120 anos depois de fundado, com a pandemia da covid-19 e muita polêmica político-ideológica em torno das vacinas contra a doença, é que o Instituto Butantan se tornou midiático e muito conhecido. Ou seja, passou a correr o risco de pagar um alto preço, que antes não havia, pela popularidade. Agora, há quem elogie e quem critique o Butantan. Justiça seja feita, o centro de ciências paulista foi pioneiro na vacina contra a covid-19 no Brasil, com a sua Coronavac sendo aplicada com eficácia desde janeiro de 2021. Até setembro de 2021, cerca de 94 milhões de pessoas já foram imunizadas contra a doença no Brasil, mais de 70% delas com a vacina desenvolvida no Instituto Butantan.

O importante, entretanto, é o Instituto seguir comprometido com sua correta trajetória de prestar relevantes serviços à sociedade paulista e brasileira. Seja quem for o governador paulista, seja quem for o presidente da República. O que interessa é a saúde e o bem-estar da população. De Vital Brazil a Dimas Covas prevalece o compromisso do Butantan com a Ciência: merecendo não apenas uma correta imagem pública, como sempre lutando pela pesquisa e qualidade dos produtos – o que, de fato, interessa à sociedade.

REFORMA TRIBUTÁRIA EXIGE REFORMA ÉTICA

O Sistema Tributário Nacional foi instituído com a publicação da Emenda Constitucional nº 18, de 1965, à Constituição criada em 1946, momento que gerou a última grande Reforma Tributária no Brasil. Ou seja, desde que sou jornalista – e lá se vão 55 anos – ouço falar nesse assunto. Porque, desde sempre, não foi feito o que deveria ser feito. Apenas "emendas". Não é com remendos que se faz algo assim, de tamanha relevância para a vida das pessoas, para o desenvolvimento do País.

Você sabe quantas propostas de reforma tributária passaram pela Câmara Federal e pelo Senado nos últimos 55 anos? Não. Pois é, também desconheço. Embora atento ao tema, perdi a conta ao longo do tempo. Entretanto, saiba que apenas hoje o poder legislativo nacional brasileiro analisa mais de 100 propostas de alterações de impostos que tramitam, de modo fatiado, no Congresso.

Nesta oportunidade em que corre no parlamento federal mais uma Proposta de Reforma Tributária, é importante adequá-la à meta do crescimento econômico, desonerando a produção na medida do possível. Antes de tudo, torna-se imprescindível entendê-la como oportunidade de minimizar um dos mais graves problemas brasileiros: a corrupção no setor público. Não haverá política fiscal capaz de conciliar a receita de impostos com as necessidades de custeio e investimento dos governos, enquanto boa parte do dinheiro arrecadado estiver indo para os bolsos dos políticos desonestos.

Exemplo lamentável dessa criminosa cultura crônica que há décadas é praticada nos três níveis do poder executivo brasileiro podemos observar nas ações da Controladoria-Geral da União (CGU). O organismo identifica fraudes em licitações de inúmeras cidades de todos os estados do País. Em média, pasme, mais de 80% das prefeituras pesquisadas apresentam problemas suspeitos. Essa estatística preocupa, pois a perspectiva do ponto de vista percentual no universo de 5.570 municípios no País aponta um cenário grave. Sem falar dos estados e do governo federal.

A maioria das concorrências públicas refere-se a elevadas despesas com obras de saneamento básico, asfaltamentos, construções de escolas, postos de saúde e hospitais, e muito na terceirização de serviços – este segmento um recorrente foco de desvios. Honestidade e eficiência nesses gastos são garantia de uso adequado de recursos, por consequência da menor necessidade de tributação da sociedade. Constante fúria arrecadatória, corrupção e irresponsabilidade fiscal constituem o mais cruel inimigo da economia brasileira. Na verdade, matam pessoas como vimos nas compras governamentais de equipamentos, insumos e vacinas para o combate à covid-19.

Diante da dimensão do problema, a mídia tem cumprido seu papel de revelar lamentáveis fatos à sociedade, permitindo que todos fiscalizem a aplicação do dinheiro público. Os jornalistas têm sido vítimas constantes de agressões e tentativas de desqualificação, quando administradores públicos reclamam não receber elogios e rejeitam críticas, denúncias. Como sempre digo, a imprensa existe para governados, não para governantes. Político que é honesto, capaz e trabalhador não faz mais do que sua obrigação. Não quer aplausos, não teme comentários. Seus atos são sua melhor campanha.

Transparência é a exigência básica para o êxito das ações de moralização do setor público brasileiro. União, estados e municípios têm a obrigação de gerir os seus respectivos orçamentos com muita correção e responsabilidade. No caso específico das concorrências, é básico respeitar, com absoluto rigor, o que está definido na Lei nº 4.253/2020, que substituiu a Lei das Licitações 8.666/1993, a Lei do Pregão nº 10.520/2002 e o Regime Diferenciado de Contratações (RDC) – Lei nº 12.462/2011. Esse é o caminho para a aprovação das contas públicas, pelos organismos competentes de fiscalização e auditoria e, também, pela sociedade, cuja concordância é essencial nas democracias. Lei é para ser cumprida. Se ela é ruim ou se ficou obsoleta, que seja mudada. Contudo, enquanto for a vigente, é para ser respeitada.

Não há mérito algum em honrar, na administração pública, os compromissos inerentes aos cargos eletivos e, sobretudo, a confiança depositada em cada voto dos cidadãos. Realizar todos os processos dentro da lei é uma conduta obrigatória em respeito à população. A partir dessa natural conjectura, está nítido o compromisso que governos e parlamentos, nos três níveis, têm a obrigação de fazer. Haverá eleições no próximo ano, mais uma oportunidade de aprimorar a democracia, tendo como principal objetivo a honestidade e o compromisso daqueles que disputam nosso voto.

Reforma tributária eficaz somente poderá ser feita se for possível orçar quanto o País, os estados e os municípios de fato precisam para cumprir com todas as obrigações que têm com a sociedade – no custeio e nos investimentos. E sob visão muito realista e honesta. Também cabe elaborar eficaz programa para liquidação de dívidas (Refis) e de ingresso dos que não estão contribuindo. A gestão pública não pode estar contaminada pelo vírus da roubalheira, que exige cada vez mais impostos e consome malas e sacos de dinheiro, recursos que poderiam gerar empreendimentos, criando empregos e promovendo equilíbrio na distribuição de renda, garantindo na prática o que os políticos pregam apenas nos discursos de campanha.

Reforma tributária, como as demais reformas ainda pendentes, é tema essencial para todos nós. Não pode seguir sendo uma colcha de retalhos, mas sim, como o Brasil merece, uma responsável adequação entre a necessidade e o que, de modo justo, a sociedade pode contribuir para uma aplicação honesta e produtiva na busca de qualidade de vida para todos. Mais saúde, educação, trabalho, moradia, cultura e desenvolvimento, com liberdade e progresso individual e coletivo. Quando os tributos são justos, não há sonegação. Cresce a arrecadação, diminui a inadimplência e há desenvolvimento.

VOTO IMPRESSO
VERSUS VOTO ELETRÔNICO

Há os saudosistas, é verdade. Aqueles que vivem do passado, que não admitem a modernidade. Pior: que não acreditam na tecnologia, nos avanços científicos e tudo o mais que significa não estarmos ainda no século XX. Eu respeito essa turma. Porque, no fundo, cada um deles dá valor ao que viveu, às emoções de cada momento da história de suas vidas. Eles são, na verdade, generosos com os valores do tempo.

Por outro lado, há os falsos admiradores do passado. Os que vivem de oportunismo, ardis e falcatruas contra o próximo. Que geram mentirosas dificuldades para oferecer supostas facilidades. São golpistas, demagogos e cultivam teorias da conspiração, geram desconfiança e medo. Despertam ódio e não constroem nada.

Estamos em total discussão de algo absurdo, contra a lei natural das coisas, o bom senso e a lógica. Em pleno ano 2021, com tantas complexidades e mergulhados em uma cruel pandemia, a quem interessa uma involução como resgatar o voto impresso? Ainda quando era repórter, tive a oportunidade de aqui em São Paulo, na Capital – não em um longínquo interior de algum estado atrasado e vítima do coronelismo político –, testemunhar a efetiva corrupção que acontecia com o voto impresso. Na apuração, e mesmo com fiscais de todos os partidos rondando as mesas, alguns responsáveis pela contagem separavam votos em branco para, disfarçadamente, fazer um "X" no nome de seus contratantes, mudando a vontade do eleitor. Ou, até mesmo, escreviam o nome ou o número de seus patrocinadores nos espaços deixados em branco, antes da contagem.

Nada mais arcaico, ineficiente e sujeito à fraude do que o voto impresso. A urna eletrônica foi um avanço, uma conquista não apenas da tecnologia como também da segurança contra a malandragem sempre de plantão quando se trata de política. O primeiro passo para a existência do sistema informatizado de votação foi dado com o surgimento do cadastro único e automatizado de eleitores. Isso começou em 1985 e foi finalizado no ano seguinte, quando o Brasil contava com apenas cerca de 70 milhões de eleitores – hoje são aproximadamente 148 milhões. Antes, não havia um registro nacional, o que abria espaço para fraudes no cadastro. Ou seja, conceder títulos de eleitores falsos.

Em 1994, sob a presidência do ministro Sepúlveda Pertence, o Tribunal Superior Eleitoral (TSE) realizou pela primeira vez o processamento eletrônico do resultado das eleições gerais, com recursos digitais da própria Justiça Eleitoral. Entretanto, "a grande revolução que foi o voto eletrônico", como classifica o ministro Pertence, só foi realidade a partir de 1995. O presidente do TSE à época, ministro Carlos Velloso, conta que desde sempre o objetivo foi eliminar a fraude no processo eleitoral. "Pertence e eu assumimos um compromisso: afastar a mão humana da apuração." E a solução, segundo ele, foi criar o voto eletrônico. "Uma urna eletrônica, um pequeno computador que pudesse processar eletronicamente os votos, com rapidez, com a maior segurança, propiciando, então, uma apuração confiável."

Segundo Velloso, foi necessário fazer "como que uma cruzada" pelo País para mostrar que seria possível informatizar o voto. "Havia uma descrença muito grande, inclusive entre colegas magistrados", destaca. O projeto começou a ser desenvolvido por um "grupo de notáveis", formado por desembargadores, juristas e funcionários da Justiça Eleitoral para definir como deveria ser feita a coleta automática de votos.

"O sucesso do trabalho da construção da urna eletrônica brasileira foi todo traçado pela primeira comissão, principalmente porque era composta por pessoas que entendiam do negócio Justiça Eleitoral brasileira", conta o secretário de Tecnologia da Informação do TSE à época, Paulo Camarão, convidado do Serviço Federal de Processamento de Dados (Serpro) pelo ministro Velloso para conduzir os trabalhos. Antes de 1996, testes eram feitos com o *personal computer* (PC) por tribunais regionais com o objetivo de informatizar a coleta de votos. Isso evoluiu. Entendeu-se que o computador não seria um mecanismo seguro o suficiente para ser adotado no âmbito que se propunha, que seria a votação eletrônica em todo o País.

O objetivo passou a ser a criação de um equipamento baseado em computador, com tela, teclado e CPU num mesmo bloco, e com vários requisitos de segurança já implementados. Não existia à época um equipamento desse tipo. Outras condições fundamentais eram que a máquina fosse de fácil interação com os eleitores e totalmente fechada, impedindo o acesso às memórias internas, algo que o computador na época não oferecia. Em vez de um teclado com várias opções, teria algo muito objetivo que viabilizasse inclusive o voto do analfabeto. O teclado do telefone foi, justamente, para possibilitar que o analfabeto e o deficiente visual pudessem votar sem dificuldade.

Assim, com base em premissas determinadas pelo "grupo de notáveis", foi designado também um "grupo técnico" para desenvolver o projeto básico da urna eletrônica. Foram chamados três engenheiros do Instituto Nacional de Pesquisas Espaciais (Inpe), um do Exército, um da Aeronáutica (Departamento de Ciência e Tecnologia Aeroespacial – DCTA), um da Marinha e um do Centro de Pesquisa e Desenvolvimento em Telecomunicações (CPqD). O ministro Velloso relembra:

> *A comissão técnica começou do zero, foi trabalhando e construindo e fez o protótipo da urna. Quando a comissão trabalhava, fui visitado por representantes de empresas estrangeiras oferecendo urnas para nós. Eu dizia: Não, vamos fazer uma urna tupiniquim, simples e barata. E assim conseguimos.*

Outro fato interessante, a urna eletrônica foi criada para a realidade brasileira. Foi uma solução desenvolvida atendendo à nossa necessidade, não algo importado. O Brasil não foi ao mercado adquirir tecnologia para automatizar o voto. Desenvolvemos internamente o projeto. Essa solução tem o diferencial de servir de modo preciso às necessidades e se encaixar no dia a dia do País. E, hoje, o sistema é aplaudido em todo o mundo.

Antonio Esio Salgado, engenheiro do Inpe que integrou o "grupo técnico" responsável por conceber o projeto da urna eletrônica, destaca que o "grupo de notáveis" recomendou que a coleta de votos de modo eletrônico fosse feita considerando-se apenas os números dos candidatos e partidos. Utilizando teclado e monitor disponíveis para que o eleitor pudesse registrar seu voto e conferir, visualmente, se o candidato escolhido correspondia ao que tinha sido digitado. Uma das mudanças mais difíceis foi a adoção desse sistema numérico para candidatos. Muitos políticos têm a marca deles em seus nomes, e na hora de votar eles abandonam essa nomenclatura e se transformam em números. Contudo, o próprio Legislativo assimilou bem e concordou com essa mudança radical no processo.

Em 1996, os votos de mais de 32 milhões de brasileiros, um terço do eleitorado da época, foram coletados e totalizados por meio das mais de 70 mil urnas eletrônicas produzidas para aquelas eleições. Participaram 57 cidades com mais de 200 mil eleitores, entre elas, 26 capitais (o Distrito Federal não participou por não eleger prefeito). As urnas foram distribuídas a tempo e modo por aviões da Força Aérea Brasileira (FAB).

Em artigo divulgado na imprensa no dia 29 de setembro de 1996, a uma semana do primeiro turno, o então presidente do TSE, ministro Marco Aurélio Mello (que acaba de se aposentar), afirmou:

> *A Justiça Eleitoral tem razões de sobras para acreditar que o eleitor não enfrentará dificuldades para votar em novo sistema. A máquina desenvolvida é muito simples e foi submetida aos mais exaustivos testes.*

Ele registrou ainda que do sucesso da inovação dependia a extensão do voto informatizado à totalidade do eleitorado brasileiro.

O ministro Marco Aurélio afirmou também em seu artigo:

> *O primeiro passo está sendo dado. A Justiça Eleitoral cumpre o seu papel, confiante de que tem o endosso de todas as forças políticas do País na busca do objetivo maior: o aprimoramento constante da democracia.*

Cinco anos depois, as urnas eletrônicas chegavam a todos os cantos do Brasil na primeira eleição totalmente informatizada. Desde então, a Justiça Eleitoral vem ampliando o parque de urnas eletrônicas para atender o crescimento do eleitorado brasileiro. Foi um projeto de sucesso a informatização do voto, principalmente pelo comprometimento da Justiça Eleitoral com a melhoria contínua de sistemas e processos. É importante essa determinação em aproveitar sempre o que a tecnologia oferece para introduzir melhorias, garantindo transparência e segurança a um serviço de excelência para o cidadão brasileiro e uma experiência a ser considerada para o mundo.

Membro do Supremo Tribunal Federal (STF) e vice-presidente do Tribunal Superior Eleitoral (TSE), o ministro Luiz Edson Fachin, afirmou recentemente que a democracia está sendo posta em xeque por "atores políticos que almejam sequestrar o poder" das mãos dos brasileiros.

> *Estabelecendo um regime de inverdade consensual, um acordo sobre a mentira, que é fruto desses tempos denominados de pós-verdade, o que a rigor é a antessala, é um pré-fascismo.*

Com essa corajosa declaração, Fachin soma com os também ministros do STF Alexandre de Moraes e Luís Roberto Barroso na defesa das urnas eletrônicas.

Ao tratar do voto auditável, Fachin denominou-o regime de exceção. "Tudo isso se assenta em acusações de fraude categoricamente vazias de provas e sem respaldo na realidade", afirmou o magistrado, ao mencionar que há governantes que desejam mudar as regras do jogo, sem obedecê-las. "O discurso contra as eleições é nada mais do que o anúncio de um golpe contra a Constituição, havido como tática elementar de um novo coronelismo", disse o magistrado. Atualmente, tramita em uma comissão especial da Câmara dos Deputados uma proposta de emenda à Constituição que prevê a impressão do comprovante do voto. O eleitor não tem contato com o papel que cai em uma urna lacrada, depois que a pessoa fizer sua escolha.

Pois é… Quem sabe, com a cruzada pela volta do voto impresso, algo que lembra o filme do diretor italiano Mario Monicelli *O incrível exército de Brancaleone*, também possamos resgatar: gramofone, vitrola, máquina fotográfica com filme de rolo, vídeo e fita cassete, minigame, *walkie talkie*, *pager*, *genius*, máquina de escrever, fax, *walkman*, secretária eletrônica, *tamagotchi*, telefone de disco, ferro de passar a carvão, entre outros. E, por favor, os adeptos do voto impresso parem de usar o WhatsApp para defender sua opção.

Na mídia você encontrará notícias sobre invenções tecnológicas capazes de facilitar a vida, garantir a segurança e agilizar os resultados. Mas, por favor, já nas redes digitais não acredite que a terra não é plana, a vacina contra a covid-19 não transforma em jacaré e o voto impresso só garante corrupção.

CRIMES DE LESA-ESPERANÇA

Quem mente é mentiroso, não importa a gravidade da mentira. Quem rouba um alfinete e quem rouba um carro são iguais, ambos ladrões. O motivo pelo qual cada um deles praticou o roubo pode ser diferente tanto quanto será menor ou maior a pena imputada pela Justiça. Contudo, são dois criminosos. Prevalece o princípio, o caráter, a índole, e não o valor do bem roubado. Não há régua nem balança para medir mentira ou roubo.

É também criminoso quem furta sonhos? Sim. E esse bem é de um valor muito significativo, em especial para os que têm na esperança o seu último recurso de crença num mundo melhor, mais justo. Assim, penso que deveríamos ir à Delegacia de Proteção ao Consumidor registrar uma queixa contra o político que, eleito com o nosso voto conquistado por falsas promessas, não cumpriu nada do que ofereceu na campanha. E ainda se meteu em corrupção. Ou seja, propaganda enganosa. Falsidade ideológica. Crimes de lesa-esperança.

Por que os políticos trocam de partido, e com tanta facilidade? Porque não têm compromissos programáticos, porque não estão empenhados no cumprimento de um ideário? Estão, é claro, apenas buscando espaço para melhor exercitar o poder. E, nesses casos, geralmente em proveito próprio. Há quem, em menos de três décadas, tenha trocado de partido dez vezes. Qual seria o compromisso assumido com os eleitores?

Fico muito irritado ao perceber a hipocrisia de alguns quando se espantam com a notícia de que parlamentares foram descobertos recebendo dinheiro para votar favoravelmente nos projetos do executivo. Ou recebendo cargos públicos para colocar seus cabos eleitorais que, é claro, trabalharão para atender a interesses nada coletivos dos seus padrinhos. Num país como o nosso, vítima de uma colonização extrativista, o princípio de cidadania, respeito e amor à pátria são praticamente inexistentes.

E a prova disso está na própria legislação e no seu cumprimento. Como podem ser sérios os políticos que não têm compromisso de fidelidade partidária? Homens e mulheres eleitos sem nenhum pacto com as agremiações que lhes deram a obrigatória legenda para disputar uma cadeira no parlamento, em qualquer um dos três níveis de poder. Neste momento de crise sanitária, com problemas na compra de vacinas e outros itens necessários para salvar vidas, são propostos R$ 5,7 bilhões para campanhas políticas e criados mais ministérios para atender o insaciável apetite fisiologista dos políticos que, no mais velho estilo "toma lá dá cá", pressionam o governo federal.

Assim, para a necessária governabilidade, seria mais importante que a primeira das reformas constitucionais fosse a política. Como não foi, continuamos experimentando o dissabor de sucessivos escândalos, da ausência danosa do princípio ético na vida pública nacional. A corrupção é gerada por um sistema altamente sofisticado, algo científico e que se vale de um instrumental dinâmico, um movimento de amplitude internacional e sob o comando de pessoas inteligentes, criativas, organizadas e que empregam eficientes estratégias.

Corrupção não é episódica ou, até mesmo, decorrência da desonestidade pessoal do político. É doença, grave, que corrói o tecido social e mata. Não há outra forma de combater esse mal sistêmico a não ser com a educação. Somente a constante vigilância, o combate firme e a punição exemplar dos culpados poderão ajudar no estabelecimento de uma consciência pública contra os corruptos.

O banalizado desperdício de bilhões de dólares em superfaturamentos de obras, emprego de materiais inadequados, subornos, desvios de recursos e outras práticas criminosas de roubo do dinheiro público para fins escusos é um dos maiores responsáveis pela miséria dos povos latino-americanos. É a miséria moral causando a miséria física de nossos países condenados ao não desenvolvimento, ao eterno desequilíbrio social sem desenvolvimento.

Os escândalos das vacinas, que agora se pretende apurar, são casos de polícia. Temas que devem ser tratados pela Polícia Federal, pela promotoria pública. As Comissões Parlamentares de Inquérito (CPIs) são instrumentos de aperfeiçoamento do legislativo e apenas como tal deveriam ser utilizadas. Roubo é questão de polícia, promotoria e magistratura. Tomara que a CPI da Covid-19 traga, de fato, resultados que respeitem a sociedade brasileira.

Que sejam investigadas as denúncias, dado o direito amplo de defesa aos acusados, realizados os julgamentos e punidos os culpados. E que acima de tudo, os recursos roubados sejam recuperados e entregues aos cofres públicos. É insuportável saber que notórios malandros do colarinho-branco, embora presos, continuam com seus milionários bens tomados à sociedade esperando pela liberdade após o cumprimento da pena.

Chega de corrupção, de impunidade, de incompetência. Como disse o filósofo alemão Friedrich Nietzsche: "Pessoas usadas para um empreendimento que deu errado devem ser pagas em dobro". Ou é resgatada a dívida social com o povo brasileiro, ou devolvam os votos que elegeram os candidatos das falsas promessas, colocando os estelionatários para fora do poder. Que devolvam o produto do roubo e cumpram pena pelo que fizeram. Não apenas as mais de 550 mil famílias dos mortos pela pandemia, mas todo o povo brasileiro espera por justiça.

NO ESPELHO DO TEMPO, O ROSTO DE NERO

Há 1953 anos morreu Nero, imperador de Roma. Dos quatro membros da Dinastia Júlio-Claudiana, apenas Cláudio, o penúltimo, tentou a prosperidade de Roma. A esposa Messalina conspirou contra ele e foi condenada à morte. Naquele tempo, liberdade era algo perigoso, divergir dos poderosos era um crime grave.

O primeiro reinado da polêmica dinastia foi de Tibério, e não promoveu as necessárias reformas políticas, econômicas e sociais. Com o tempo, Tibério tornou-se paranoico e, imaginando conspirações e golpes, mudou-se para a ilha de Capri, de onde governou até a morte. Seu apego ao poder era tão grande, que mandou matar boa parte de seus familiares e ordenou o assassinato de senadores, provocando um período de muito medo e insegurança.

O sucessor, Calígula, cresceu nesse ambiente e mostrou-se um igualmente instável e desequilibrado mental. Entre outros absurdos, nomeou seu cavalo, "Incitatus", cônsul romano. As perseguições tornaram-se prática durante seu reinado, e muitas famílias foram executadas. A prática da violência, alimentando uma cultura do ódio, estendeu-se pelos períodos seguintes de Cláudio e Nero.

Em 68 d.C., a classe política havia chegado ao limite diante da instabilidade política. Nero Claudius Cæsar Augustus Germanicus, indicado pelo tio Cláudio, governou de 13 de outubro de 54 d.C. até sua morte, a 9 de junho de 68 d.C. O reinado de Nero está associado à tirania, ao populismo e à extravagância. Marcado por execuções sistemáticas, incluindo a da própria mãe e a do meio-irmão, Britânico, sem falar do assassinato de uma esposa grávida. Entre as imagens que se eternizaram está a de Roma queimando, incêndio supostamente ordenado por Nero, enquanto tocava sua lira. O histrionismo, unido ao desejo pueril de ser aplaudido, levou-o a participar de corridas de biga.

Aliados políticos e populares que o viam como mito eram os principais conselheiros de Nero. Mesmo com histórico de atleta, Nero conduziu um carro de dez cavalos e quase morreu ao sofrer uma queda. Embora não fosse o melhor dos participantes, ganhou todas as coroas de louros e as expôs ao público em um desfile. As vitórias de Nero nas competições são atribuídas ao poder e ao suborno dos juízes.

Depois de muitos erros e de arruinar as finanças romanas de modo irresponsável, como na construção do seu palácio dourado, Nero foi declarado inimigo do Estado e fora da lei. Fugiu acompanhado apenas pelo secretário Epafrodito, e se suicidou antes de ser apanhado pela guarda pretoriana que o perseguia. O imperador mentiu até a morte, foi o fiel secretário quem, a seu pedido, o apunhalou. As últimas palavras de Nero comprovam sua infinita vaidade e a certeza de que, como político, era um grande canastrão: "Que artista falece comigo!".

Irresistível não comparar o passado com fatos atuais: populismo, vaidade pessoal, atitudes despóticas, mentiras, desfiles gloriosos, intenção em se perpetuar no poder e outras similitudes. O ministério do bom senso adverte: a história ensina, alerta e, até mesmo, pode prevenir problemas.

CANHOTOS, ESSES ESQUERDISTAS

Sexta-feira, 13. Sabe o que isso significa? Nada. Apenas que "sextou". Por isso, vou abordar um tema interessante igualmente supersticioso, para mostrar que a realidade é diferente da imaginação. Embora os ficcionistas se inspirem nela.

O Dia Mundial do Canhoto foi celebrado pela primeira vez em 13 de agosto de 1976. A data só foi oficializada, entretanto, na década de 1990, por iniciativa do britânico *Left-Handers Day Club*, que lutava contra o preconceito sofrido pelos canhotos, no mínimo considerados desastrados, inábeis, estranhos. Esses seres à esquerda da vida foram até chamados de bruxos, demônios, maus por essência e outras baboseiras.

Escrever com a mão esquerda não determina nada mais do que escrever com a mão esquerda – há muitos mitos que, ao longo da História, foram criados complicando a vida dessas pessoas, que não são poucas e representam 10% da população mundial. Os Estados Unidos têm o maior número de canhotos, só Nova York reúne 12,8% deles. Índice bem acima dos países ibéricos Portugal, Espanha e Andorra (9,6%); Polônia (8,6%); Emirados Árabes Unidos (7,5%); Rússia (6%); Índia (5,8%); e Sudão (5,1%). O Brasil fica na lanterninha desse campeonato junto com o Japão, com iguais 4%. Dos canhotos, 12% são homens contra 8% de mulheres. Até a genética é curiosa: apenas cerca de 25% das crianças que têm pais canhotos também serão canhotas.

Estudos científicos indicam que o canhoto é mais rápido para raciocinar do que o destro (em 0,51 segundos), e que seriam até mais inteligentes. Nos esportes, nos combates, na direção de veículos e nos *videogames*, o canhoto é apontado como mais veloz e atento que o destro. Como utilizam com intensidade os dois hemisférios do cérebro, os canhotos podem ser mais criativos, ter uma visão fora do "mais do mesmo" das coisas e resolver questões do cotidiano com maior facilidade.

A vida em um mundo criado para destros é um desafio permanente para os canhotos. Sei disso porque, além de ter conhecido pessoas incríveis que eram esquerdinas, sou casado com uma e pai de outra. Alguns canhotos ilustres: Leonardo da Vinci; Beethoven; Mark Twain; Einstein; Benjamin Franklin; Machado de Assis; Churchill; Nietzsche; Kafka; Chaplin; Van Gogh; Picasso; Goethe; Henry Ford; Gandhi; Ayrton Senna; Paul McCartney; Pelé; Barack Obama; Bill Gates; Oprah Winfrey e muitos mais.

Só reparamos neles quando os vemos segurando uma tesoura com a mão esquerda, forçando as lâminas para fora, e não para dentro, para ver o que estão cortando e com risco de se machucar. No uso de uma régua, o canhoto passa uma das mãos por cima da outra, o que não é nada prático. Outros exemplos: canetas e marcadores à tinta (borram), saca-rolhas, apontador de lápis, carteiras escolares, teclado numérico (fica do lado direito), caderno espiral (a mão que escreve fica em cima da armação de arame), botões da camisa, armas de fogo (a trava do gatilho é do lado direito, assim como a alavanca de liberação do pente de munição), abrir portas, câmeras fotográficas, violões e guitarras etc.

Em tempos de divisão ideológica acirrada – embora todos saibam que o comunismo praticamente acabou, há mais de 30 anos, com a queda do Muro de Berlim –, há quem acredite em fantasmas e não aceite o que lhe pareça tendencioso. Sinais de trânsito, banheiros, lugares em restaurantes, caminhos mais rápidos – nada disso merecerá confiança dos radicais de direita, se estiverem à esquerda. Depois que descobriram que Fidel Castro era canhoto, então tudo ficou ainda mais agudo...

No Dia Mundial dos Canhoto, 13 de agosto, é uma oportunidade para desarmar o coração e a mente, olhar os canhotos como seres normais e dar um beijo no lado esquerdo do rosto deles. Essa gente feliz, que, como no poema de Carlos Drummond de Andrade, é *gauche* na vida.

O LIVRE PENSAR GARANTE O LIVRE EXISTIR

A Filosofia é essencial para o surgimento de um pensamento crítico, um questionamento saudável capaz de gerar uma discussão sobre diferentes verdades.

A atitude filosófica faz parte da vida de todos nós ao debater sobre a existência e, também, sobre o mundo e o universo. É o pensar, livre pensar.

Para quem imagina que o filósofo é um utópico: "A Filosofia ensina a agir, não a falar", disse Sêneca há quase 2000 anos, sábio estoico e um dos mais célebres advogados, escritores e intelectuais do Império Romano.

A Filosofia não possui uma determinação de utilidade. E por não possuir esse objetivo é que se constitui no principal saber da humanidade, algo essencial à evolução. É interessante partir da hipótese de que tudo o que você viveu não existiu, que sua vida foi uma mentira, como no filme *Matrix*, das irmãs Lana e Lilly Wachowski. Na trama, os personagens "Morfeu" e "Neo" se encontram em um diálogo assim, no qual o primeiro promete ao outro apenas a verdade, pois até então ele teria vivido em um mundo fictício, fora da realidade e engendrado para que ele jamais percebesse.

A ideia não é nova, já havia sido defendida por Platão em *A República*, no livro 7º, conhecido como a "Alegoria da Caverna", há centenas de anos antes de Cristo. Por mais que *Matrix* seja uma imaginação científica, nossa história soma velhos padrões determinados que, ao longo do tempo, foram superados com a ajuda da Filosofia. Ela abre nossa mente, nos tira do "mais do mesmo", nos liberta de pensar apenas "dentro da caixinha".

Para criar possibilidades infinitas, provocar uma ruptura de limites, é preciso filosofar. Para pensar é necessário ter tempo, sem ocupar a mente com preocupações do dia a dia como: sobrevivência, família, riscos etc. Esse tempo para refletir está cada vez menor na competitividade do mundo moderno, cada vez mais as pessoas pensam menos. A escravidão do passado, do trabalho sem respeito, hoje está presente na necessidade de alcançar *status*, ter poder econômico e social. Seguimos acorrentados.

Estamos nos tornando seres automatizados, apenas comprometidos com coisas práticas e de resultados imediatos, supostamente vantajosos. Desde a primeira revolução industrial – e não paramos mais, agora estamos na 4.0 – não sabemos mais filosofar, refletir, estabelecer novas dimensões de pensamento livre de interesses econômicos.

Não há sentido na vida *apenas* assim. A tecnologia deve ser um agente da felicidade. Criamos uma geração adoecida e, muito além da covid-19, vítima de estresse, ansiedade, depressão, síndrome do medo e outros males – todos da alma, e não físicos, mas dando espaço a eles. E tem crescido o número de suicídios, em especial entre os mais jovens que não veem perspectivas futuras de felicidade. Em todo o planeta, as mortes por suicídio chegam a 800 mil por ano, segundo a Organização Mundial da Saúde (OMS).

É hora de resgatar o quão a Filosofia é importante. Sem o livre pensar, caímos na ignorância, na mediocridade, no obscurantismo, na violência e no desrespeito humano. Passamos a defender ideias preconceituosas, discriminatórias, totalitárias e sem luz. A Filosofia é que abre novas oportunidades, incentiva reflexão e desperta criatividade. Libertar-se do "mais do mesmo" e romper a tampa da "caixinha" é sair da caverna de Platão. É descobrir que não há apenas um pequeno mundo, mas um imenso universo a ser explorado. Ele é seu.

Contrariando o que disse Shakespeare, você poderá observar que não há tantos mistérios entre o céu e a terra, porque a Filosofia não é vã e imagina muito além dos limites para construir a felicidade.

RESPEITO À HISTÓRIA

A Lei nº 378, de 17 de agosto de 1937, no governo do então presidente Getúlio Vargas, criou o Instituto do Patrimônio Histórico e Artístico Nacional (Iphan). Esse órgão tem como principal meta proteger e preservar os bens culturais do País.

O Iphan identifica e preserva todos os bens materiais ou naturais que foram construídos ao longo do tempo, como o Cristo Redentor (RJ); a Igreja da Pampulha (MG); a mais antiga concentração de sítios pré-históricos da América, no Parque Nacional da Serra da Capivara (PI); a cidade planejada de Brasília (DF); a área arqueológica de São Miguel das Missões (RS); os centros históricos das cidades de Olinda (PE) e Salvador (BA), e por aí vão. Alguns desses locais são também tombados como Patrimônio da Humanidade pela Unesco. Além dos exemplos brasileiros, há outros pelo mundo, como o Coliseu de Roma e a Torre de Pisa, na Itália; a Muralha da China; a Torre Eiffel, na França; o Taj Mahal, na Índia; também patrimônios históricos. Esses bens materiais nos permitem conhecer a cultura, a arte, as tradições, os costumes, a religião e toda a trajetória de um povo.

Não apenas esses bens são riquezas culturais de todos nós. Há, também, tradições, hábitos e costumes, conhecimentos e informações que determinam as diferentes origens e histórias. E por isso não podem se perder. Assim, são reconhecidos e incluídos nos registros de patrimônios culturais de natureza imaterial, que no Brasil são igualmente mantidos pelo Iphan.

Há quatro categorias: formas de expressão; celebrações; lugares; e saberes. Esta última inclui práticas ligadas ao universo da Gastronomia. Quatro delas já são reconhecidas oficialmente: os quitutes das baianas do acarajé, na Bahia; os doces das paneleiras de Goiabeiras (bairro de Vitória), em Minas Gerais; o sistema agrícola do Rio Negro, no Amazonas; e o modo artesanal de fazer queijo das regiões do Serro e das serras do Salitre e da Canastra, em Minas Gerais. A inclusão dessas tradições mostra como a culinária está ligada à formação de algumas comunidades.

Hoje é, também, o Dia do Pão de Queijo. E ele é tombado pelo patrimônio imaterial dos saberes brasileiros. Embora denominado "pão", consiste basicamente em um tipo de biscoito de polvilho azedo ou doce que leva ovos, sal, óleo vegetal e queijo, e tem consistência macia e elástica. Há várias receitas, nas quais os ingredientes e o tipo do queijo variam. Algumas usam o polvilho doce, outras o azedo, ou até mesmo ambos. No entanto, o que lhe dá a principal característica é o fato de ser feito à base de polvilho de mandioca e algum tipo de queijo.

Existe ainda o pão de queijo escaldado, técnica de preparo que emprega água fervente, às vezes misturada com óleo vegetal no polvilho. Esse tipo do produto tem um sabor mais próximo do natural, uma vez que no processo a massa fica pré-cozida.

O Uruguai, o Paraguai, a Argentina e a Colômbia têm uma iguaria conhecida como "chipa" (denominação também utilizada no estado brasileiro de Mato Grosso do Sul), cuja diferença para o pão de queijo é o seu formato em "U". Na Colômbia, há outro produto muito similar ao pão de queijo, exceto pelo formato achatado, que é o *pandebono*. Assim como o pão de queijo, o *pandebono* apresenta textura esponjosa, de baixa densidade e cuja casca endurece em pouco tempo, em razão do polvilho azedo conhecido, naquele país, como *almidón de yuca* fermentado, obtido em um processo idêntico ao empregado no Brasil. Ainda na Colômbia, e também no Equador, existe o *pandeyuca*, que é parecido com o pão de queijo brasileiro na textura, no formato e no sabor. Já na Bolívia se consome o *cuñapé*, do idioma guarani.

Como se pode notar, cultura é algo inalienável e de imensa importância à vida. Sejam os patrimônios materiais ou imateriais, são documentos de nossas origens que precisam ser preservados. No entanto, em 2021, o governo federal propõe a venda do Palácio Capanema, no centro antigo do Rio de Janeiro, conjunto arquitetônico de valor histórico, marco da arquitetura moderna brasileira. Projetado por uma equipe formada por Lucio Costa, Carlos Leão, Oscar Niemeyer, Affonso Eduardo Reidy, Ernani Vasconcellos e Jorge Machado Moreira, com a consultoria do arquiteto franco-suíço Le Corbusier, o local tem imenso valor cultural. A fachada apresenta obra com azulejos pintados por Cândido Portinari e o edifício está envolvido em jardim criado por Burle Marx. O Palácio Capanema foi sede do Ministério da Educação e Cultura (MEC).

Não se pode abrir mão desse patrimônio apenas para "fazer caixa" para o governo, como pretende o ministro da Economia, Paulo Guedes, cuja *alma mater* educacional é a Universidade Federal de Minas Gerais. Melhor seria ele comer um pão de queijo mineiro, tomando um café do Serrado Mineiro e lendo um poema do mineiro Carlos Drummond de Andrade, que, além de ter morrido há 34 anos, nesse mesmo 17 de agosto, trabalhou por décadas no Palácio Capanema. Edifício que, aliás, refere-se ao ministro da Educação, o também mineiro Gustavo Capanema.

Assim, cabe ao ministro Guedes a "mineirice" de levar em conta o passado, demonstrando a necessária consideração ao nosso patrimônio cultural. Mineiros sempre foram educados e cultos, sabem respeitar e valorizar seus bens materiais e imateriais.

7 DE SETEMBRO

O dia 7 de setembro é uma data na qual todos os brasileiros comemoram um fato histórico muito relevante: a Independência do Brasil. Independência, soberania, liberdade são valores inalienáveis de um povo.

Diante das recentes pesquisas de opinião, de diferentes institutos, o governo do presidente Jair Bolsonaro está em acentuada queda na avaliação da sociedade brasileira, e por todo o País. Assim, dentro dos seus conhecidos métodos de relacionamento com a população, ele decidiu causar um novo impacto social.

Estão programadas para o próximo Dia da Pátria, neste ano, manifestações bolsonaristas em dois pontos emblemáticos do Brasil – na Avenida Paulista, na capital do Estado de São Paulo; e na Esplanada dos Ministérios, em Brasília (DF). Pelas mídias sociais, já estão acontecendo as convocações e, um detalhe preocupante, com o incentivo para que os manifestantes compareçam aos locais públicos portando armas. Qual seria o bom motivo para isso?

Sabe-se que ônibus estão sendo fretados e oferecidos gratuitamente para também levar militares das diferentes forças aos encontros. E vale lembrar que eles não podem portar suas armas fora do trabalho e, muito menos, participar de manifestações de caráter político. Diante dos recorrentes ataques verbais do Executivo Nacional contra os demais poderes, ao arrepio da Constituição, já se temem possíveis invasões do Congresso Nacional e do Supremo Tribunal Federal (STF).

Na história republicana brasileira, de 132 anos, antes do chamado "bolsonarismo" aconteceram apenas dois movimentos populistas de direita. O primeiro, embora fundamentado em pura demagogia, não foi radical e levou Jânio Quadros à presidência. O segundo mostrou-se extremista ao criar o fascismo no Brasil: o Integralismo, com suas camisas verdes.

Conta a História que em 7 de outubro de 1934, em São Paulo, os integralistas programaram uma impactante manifestação pública. A proposta, como Bolsonaro pretende agora, era demonstrar força, ameaçar, constranger. A história registra que os radicais integralistas concentraram-se e saíram da mesma Avenida Paulista, caminhando em direção à Praça da Sé. No coração paulistano foram duramente surpreendidos, pois não esperavam o que lhes aconteceu.

A Batalha da Praça da Sé, há 87 anos, registrou um conflito armado entre antifascistas e integralistas. A Ação Integralista Brasileira (AIB) havia marcado um comício em comemoração aos dois anos do Manifesto Integralista, e, logo que foi divulgado, os antifascistas paulistanos se organizaram para impedir a realização do evento. Os movimentos de esquerda participaram do conflito, que resultou em sete mortos – entre eles um estudante antifascista, três integralistas, dois agentes policiais e um guarda-civil – sem falar de aproximadamente 30 feridos.

Os fascistas ganharam naquele confronto a denominação que os ridicularizou doravante: "galinhas verdes". A contramanifestação – forjada por cima dos sectarismos e em resposta a uma série de violências cometidas contra militantes de esquerda nos meses anteriores – foi bem retratada pelo *Jornal do Povo*, dirigido por Aparício Fernando de Brinkerhoff Torelly. Jornalista, escritor e pioneiro no humorismo político brasileiro, conhecido e imortalizado pelo falso título de nobreza "Barão de Itararé", ele escreveu em 10 de outubro de 1934: "Um Integralista não corre, voa...".

Violência gera violência que gera violência que não acaba mais. O dia 7 de setembro, como qualquer outro, não deve entrar para a já conturbada história brasileira como símbolo de um confronto fratricida. Os "contra" e os "a favor", os sempre oportunistas que flutuam entre esses, todos os brasileiros podem, devem, precisam ter opinião formada sobre a política e os destinos do Brasil. Contudo, armados apenas de conhecimento, com sabedoria e respeito à liberdade de expressão com responsabilidade de expressão.

THE DAY AFTER

Desde antes das eleições presidenciais de 2018, escrevo que o Brasil se dividiu em dois grupos, os "contra" e os "a favor". Persistem também os "muito pelo contrário", aquela turma "em cima do muro". O que motivou esse racha na população brasileira? Ideologia? Não. Desapontamento, amargura, insatisfação.

Povo sem esperança é povo sem futuro. Estamos matando a esperança desde 1500, eleições após eleições, governo após governo, com algumas honrosas exceções. Sem cultura e educação, postergadas pelos manipuladores da sociedade, acreditamos em "salvadores da Pátria". Eles, como fantasmas, não existem. Embora por décadas acreditemos em teorias da conspiração. E Bolsonaro se aproveita disso, quando profetiza suas alternativas: "Estar preso, ser morto ou a vitória".

Como Jânio e Collor, para dar apenas dois exemplos, os brasileiros viram em Bolsonaro mais um "salvador da Pátria". Um capitão que, sendo paraquedista e Messias, viria do céu com os dedos em riste como armas para livrar a todos do perigo comunista, colocando fim à corrupção e implantando, como prometido, gestão ética, competente e defensora de valores: "Brasil acima de tudo e Deus acima de todos". Pergunte a um dos que ainda estão com Bolsonaro, o que ele fez de bom para o Brasil? Resposta: "Livrou o Brasil da esquerda".

Muitas foram – 58 – as promessas de campanha de Bolsonaro. Com mais de 50% de mandato, apenas 14 foram cumpridas. Outras 13 estão em curso, 31 foram esquecidas. O que se destaca são as falas que empolgaram os eleitores, como fazer uma política nova, sem vícios do passado, sem indicações de apadrinhados, apenas com técnicos nos cargos públicos, sem conchavos, sem roubalheira. E o que vemos é o velho Centrão mandando no governo federal, e todas as práticas antes criticadas novamente acontecendo – inclusive corrupção. Ou seja, como na irônica frase: "Está tudo como dantes no quartel d'Abrantes", quando da invasão de Napoleão Bonaparte em Portugal, no início do século XIX.

A verdade é que Bolsonaro sempre foi apenas um político, não um gestor. Nunca exerceu um cargo executivo. Deputado do chamado "baixo clero", eleito por militares do Rio de Janeiro para defender seus interesses, trocou de partido inúmeras vezes em quase 30 anos na carreira parlamentar, deixando clara a ausência de propostas. Há mais de dois anos no poder nacional, Bolsonaro faz apenas mais do mesmo: campanha política. Porque é o que sabe fazer.

Utilizou as mídias sociais para propagar um inflamado discurso não apenas contra a esquerda, mas rotulando de "comunista" qualquer pessoa que discorde dele; apoderou-se dos símbolos nacionais, em especial as cores verde e amarelo; criou palavras de ordem no melhor estilo autoritário; acabou com o ministério da Cultura, afinal povo culto rejeita seu estilo; ataca e ameaça os demais poderes; promove triunfais desfiles de motos; busca, por falta de argumentos, combater de modo preconceituoso e discriminatório os seus adversários; cria e divulga *fake news*; pratica violência contra a imprensa, que cumpre o papel de mostrar seus erros; dissemina ódio e divide o País cada vez mais.

Mesmo tendo acreditado lá atrás, o povo não é bobo. Bolsonaro vem caindo nas pesquisas de popularidade, de avaliação do seu (des)governo. Assim, tem buscado criar factoides para jogar fumaça em alguns atos que, pela gravidade, estão sendo investigados, julgados e deverão ser punidos. A cada erro denunciado, cria um fato novo, inventa alguma coisa. Mostra-se um ilusório marqueteiro político de si mesmo. Tenta demonstrar força para enfrentar sua crescente fragilidade, o claro descontentamento da população.

Sob investigações no Supremo Tribunal Federal (STF) e no Tribunal Superior Eleitoral (TSE), agora voltou suas armas contra o Judiciário, estrategicamente contra o ministro do STF Alexandre de Moraes, que presidirá o TSE em 2022. E tem a pandemia e a CPI dela; a economia parada; a inflação crescente com a carne, a gasolina e o gás nas alturas; as crises hídrica e energética; as queimadas e os desmatamentos; a fuga de apoio de vários setores empresariais; a popularidade despencando e, como já dito, também enfrenta queda nas pesquisas eleitorais para 2022. Conclamar o povo para ir armado às ruas no 7 de Setembro, apropriando-se do Dia da Pátria, foi estratégia para criar um clima que lhe possa ajudar na transformação do péssimo cenário em que já não brilha, porque os holofotes sobre o palco da mentira queimaram.

Foi muito pesado esse Dia da Pátria. O feriado prolongado começou com a decepção de não haver a partida de futebol entre Brasil e Argentina, quando veríamos em campo Neymar contra Messi. E culminou com manifestações nas ruas por todo o País, uma fantasiosa tentativa de mostrar que "o povo brasileiro apoia Bolsonaro". Falso. A verdade é que somente 20%, se muito, do povo brasileiro segue apostando no "capitão". Os demais, nas ruas ou em suas casas, apenas esperam o ano que vem para mostrar, nas urnas, de modo pacífico e ordeiro, sua insatisfação.

Embora as manifestações tenham sido ordeiras, constituíram-se em ameaças à Constituição sob nítido descumprimento das leis. Isso ficou claro nas palavras do próprio Bolsonaro, em comícios feitos em Brasília e São Paulo sobre carros de som no melhor estilo populista, sem falar de faixas e cartazes contra a independência dos poderes, pedindo golpe militar etc. Mais de 150 líderes mundiais, incluindo ex-chefes de estado e governo de 26 países, assinaram carta divulgada na segunda-feira (6/9), na qual criticam os protestos organizados por apoiadores do presidente Jair Bolsonaro para o Dia da Independência, que, segundo eles, aumentam "os temores de um golpe de Estado na terceira maior democracia do mundo".

Não há clima, muito menos merecemos, para qualquer retrocesso além dos que já estamos sofrendo com obscurantismo, incompetência e falta de seriedade na gestão pública. Pobre Brasil em que, na sua data cívica máxima, um miliciano responsável por esquema de corrupção na Assembleia Legislativa de um grande estado do País, Fabrício Queiroz, vestindo camisa verde e amarela, foi tratado como celebridade nas manifestações bolsonaristas no Rio de Janeiro. Perigosa inversão de valores.

O GUERREIRO DA LIBERDADE

Ocardeal emérito de São Paulo, dom Paulo Evaristo Arns, completaria 100 anos de vida em 14 de setembro de 2021. Uma existência dedicada ao verdadeiro sacerdócio: amor ao próximo. Dom Paulo foi uma das mais respeitadas autoridades em direitos humanos, no Brasil e no mundo. Para ele nada era mais importante do que o exercício pleno da liberdade.

E foi com sua fé inabalável que, em 1973, criou a Comissão de Justiça e Paz da Arquidiocese de São Paulo. Mais do que um organismo da Igreja Católica, um permanente olhar sobre a vida. Um instrumento para defender a justiça, promover a paz, fundamentado no respeito à democracia – em especial, naqueles tempos duros da ditadura, um valor a ser reconquistado. A liberdade sempre foi um sagrado direito para o bom pastor Paulo Evaristo, o cardeal Arns.

As cicatrizes dos regimes de opressão sofridos pelos países da América Latina, em especial o Brasil, estão não apenas nos corações e nas mentes dos que lutaram por você, por mim, por nós. São marcas também nos milhões de excluídos deixados pela falta de desenvolvimento em mais de duas décadas de opressão. Triste herança que, até hoje, não teve solução. Porque persiste, embora concretos avanços, a indignidade da falta de saúde, educação, trabalho, segurança, moradia, cultura. Dom Paulo sempre teve um olhar amigo para com aqueles que, respeitosamente, chamava de "pequeninos".

A batina de dom Paulo trazia, entranhada no tecido, a poeira imunda das prisões onde foram torturados aqueles que defendiam a liberdade. Porque não houve gemido que ele não tenha ouvido, se fizesse presente e levasse conforto. E, sempre de maneira corajosa, exigisse respeito. Sua imagem, voz, gestos são inesquecíveis para aqueles que, como eu, mereceram sua mão sobre a cabeça nos momentos mais sofridos, quando do injusto castigo imposto pelos ladrões da liberdade. É impressionante como ele soube, em nome de Deus, fazer com que os carcereiros e torturadores aceitassem suas ponderações em favor de todos, dos crentes de qualquer religião e até dos ateus, sem discriminar ninguém.

São muitos os episódios que recordam sua fraternidade: na pastoral do migrante no Glicério; com as mães solteiras na Pro Matre; nos cárceres do DOPS na Rua Piauí; nas favelas das Zonas Sul e Leste; nas unidades da Febem; nos corredores da PUC-SP; nos estúdios da Rádio América; nas páginas do "O São Paulo"; nos movimentos populares; nos estádios de futebol em meio à barulhenta torcida do seu Corinthians – porque, até nisso, seu sentimento estava sintonizado com o povo. Dom Paulo não estabelecia fronteiras entre as religiões, foram inúmeras suas ações positivas em perfeita harmonia e integração com líderes evangélicos, judaicos, budistas, hinduístas, muçulmanos, espíritas. O importante para ele era a fé.

Ora pequeno, gestos contidos, voz doce. Ora grande, gestos firmes, voz determinada. Dom Paulo foi sempre corajoso, solidário, lúcido, informado, consciente dos problemas e defensor de possíveis soluções. O guerreiro continua vivo! O pastor, o mestre, o jornalista, o escritor, o ativista – o homem de fé, de esperança, de respeito ao semelhante tornou-se eterno símbolo de amor ao próximo.

Um ser humano completo para quem viver foi sempre participar. Uma lição de vida, um exemplo, um cidadão brasileiro a ser – por inquestionável merecimento – reverenciado e jamais esquecido.

RAIVA ALÉM DA HIDROFOBIA

Começam as campanhas de vacinação contra a raiva. A época foi escolhida em homenagem ao cientista francês, Louis Pasteur, criador da primeira vacina contra a raiva, que morreu em 27 de setembro de 1895. A iniciativa é da Aliança Global para o Controle da Raiva, instituição com o objetivo de criar consciência, promover a prevenção e o tratamento da doença em humanos e animais.

A raiva humana, hidrofobia, no Brasil é uma doença endêmica. No Sul, praticamente desapareceu. No Norte e Nordeste ainda são notificados casos transmitidos por animais domésticos ou silvestres. Para ocorrer o contágio, além da mordida, basta um contato com a saliva do animal doente.

O cão e o gato são os principais transmissores da doença nos ambientes urbanos. No rural, também os morcegos. De acordo com os sintomas apresentados, a doença pode manifestar-se de duas formas diferentes: raiva furiosa ou raiva muda. A melhor forma de prevenção da hidrofobia é manter, em dia, a vacinação de animais. A primeira dose deve ser aplicada aos três meses de idade e, depois, uma vez por ano, todos os anos. A vacina é gratuita e oferecida pelos órgãos públicos de saúde.

Como temos observado, há outra espécie dessa mesma doença que tem crescido e infelicitado famílias, círculos de amizade, colegas de estudo e trabalho, vizinhos, e por aí vai o seu alcance. É a raiva emocional. E não há vacina, embora haja remédio. Esse tipo de raiva é um estado momentâneo de nervosismo intenso diante de alguém que pode provocar ataques de agressividade verbal, ou até física. Essa emoção nasce de um bloqueio, surge diante de um obstáculo insuperável. Em geral, é causada pela verdade.

A reação do corpo, a partir da raiva, é de desequilíbrio emocional. As consequências da raiva como sentimento são: violência, agressão física ou verbal, sempre gerando péssima conduta. A raiva acelera o cérebro de tal forma que perdemos o equilíbrio, e a energia se espalha desordenadamente. É interessante observar que, sem inteligência emocional, a raiva é destruidora, porém, se administrada corretamente, pode ser um alerta sobre nosso mundo interno e algumas necessidades que estamos deixando de lado.

Viver frustrações faz parte da vida, como ganhar e perder. Quando ainda crianças, se não entendemos e superamos normais decepções, há o risco de sermos adultos intempestivos, irritados, raivosos, violentos. Pessoas de "pavio curto" que não hesitam em explodir quando são contrariadas nas suas certezas – que são versões dos fatos, não a verdade.

Isso deixa bem claro que, nesses casos, cabe amadurecer a capacidade de resistir às frustrações de haver errado e aceitar ser, naturalmente, criticado por isso. Só assim o nível de raiva tende a diminuir. É claro que há fatores geradores de compreensível insatisfação: ter consciência de que não está preparado para exercer determinada responsabilidade; estar cercado de pessoas incapazes; não saber dialogar; ter preconceitos e discriminar pessoas contra as quais não há razões para atacar; desejar ser amado por todos, mas não merecer essa reciprocidade. E muitos outros motivos.

Pois é... Seja qual for o tipo de raiva, é preciso – nessa época dedicada ao combate dela –, conhecer os cuidados preventivos elementares: Não chegar perto de cães, gatos, morcegos e pessoas desconhecidos, feridos ou que estejam se alimentando – mesmo que tenham a aparência de mansos; Respeitar os espaços em que vivem mamíferos silvestres e urbanos que podem ser reservatórios naturais de problemas; Não apartar brigas entre animais, incluindo de familiares próximos e parceiros; Não mexer com fêmeas e suas crias; e Utilizar guias curtas, coleiras e focinheiras nos animais que demonstrem agressividade.

Qualquer semelhança com certas personalidades públicas não é mera coincidência, é um responsável alerta para prevenção e, quem sabe, até cura.

COBAIAS HUMANAS

A história, quando respeitada por quem a escreve, registra a verdade. Imaginar que ela possa servir apenas para perpetuar o que parece "bonito" não é ético e, muito menos, contribui para a evolução da humanidade. Assim, temos fatos – e não versões deles – que nos permitem importantes transformações, mudanças. E para melhor.

Há muitos anos, tive o privilégio de conversar com um personagem da História que, por seus méritos, foi, até hoje, a única pessoa a conquistar o Prêmio Nobel duas vezes, em áreas distintas e sem dividi-lo com ninguém, Química (1954) e Paz (1962). O norte-americano Linus Carl Pauling está entre os cientistas mais relevantes de todos os tempos. Com centenas de artigos e vários livros publicados, foi um dos pais da Química Quântica e da Biologia Molecular. Linus, morto em 1994, deixou brilhante obra científica, além de ter sido um respeitado ativista contra os testes nucleares.

Em 1986, durante um evento internacional pela paz, encontrei Linus Pauling. Tomei a liberdade de fazer uma pergunta de caráter pessoal. Indaguei a quem trazia no braço a marca do campo de concentração do nazismo, o motivo de não enterrar para sempre as barbáries cometidas contra o povo judeu. Linus, com suas faces rosadas e olhos vivos, com ternura na voz, disse-me: "Devemos lembrar sempre, para que não aconteça de novo".

Em 1932, no condado de Macon, Alabama (EUA), 600 homens bem simples, de pouco estudo e posses, foram recrutados pelo governo federal para exames médicos. Mais da metade deles sofria de sífilis. O Departamento de Saúde Pública prometeu tratamento a todos, que, então, receberam por anos seguintes apenas placebo. Nenhum dos homens foi corretamente medicado com penicilina, o tratamento para a doença. O Estado norte-americano queria pesquisar a doença.

Os homens eram, além de gente muito simples, todos negros. Foram vítimas de uma criminosa forma de obter cobaias humanas, sem falar de racismo. Como também o médico Josef Mengele, sob o comando de outro monstro, Adolf Hitler, usou o povo judeu para desumanos experimentos científicos.

No desenrolar da CPI da Covid no Senado Federal, ficaram evidentes indícios de que a Prevent Senior tratou com o "*kit* covid", do governo federal, inúmeros pacientes da instituição, na sua grande maioria idosos. A Agência Nacional de Saúde Suplementar deixou claro que essas pessoas não eram informadas sobre que tratamento recebiam, muito menos suas famílias. E o pior, esse *kit* é comprovadamente ineficaz, segundo a ciência e, em alguns casos, até de risco.

Um dos pacientes ganhou na Justiça, em primeira instância, processo no qual acusava o hospital, da rede Prevent Senior, de irresponsabilidade no seu atendimento. Ele já havia atingido um nível de gravidade que exigia a internação em UTI, entretanto lhe trataram com cloroquina e o deixaram apenas na terapia semi-intensiva.

Como no tempo do nazismo e no episódio nos Estados Unidos, aqui também, em pleno século XXI, há "cobaias humanas" – e sob o manto do negacionismo, da mentira, da crueldade. Até quando seguiremos testemunhando atrocidades assim, sob a falsa vaidade de afirmar que somos civilizados e desenvolvidos?

A LUTA CORPORAL

Em 1996, o plano econômico do governo FHC – que baniu a inércia inflacionária e estabilizou o real, moeda criada dois anos antes – alcançava 75% de aprovação nas pesquisas de opinião em todo o Brasil.

Sob a euforia da sociedade com um novo tempo de economia forte e crescimento, surgiu a Contribuição Provisória sobre Movimentação Financeira (CPMF) para "salvar a saúde pública", então enfrentando forte crise: mortes por contaminação em hemodiálise em Pernambuco; vacinas causando vítimas em São Paulo; idosos maltratados no Rio de Janeiro; bebês mortos em UTIs no Ceará e no Espírito Santo.

A solidariedade do povo brasileiro assimilou a CPMF. O provisório já levava mais de dez anos, quando a alíquota subiu e a arrecadação não foi apenas para a saúde, utilizada até para pagar juros da dívida pública. Um ano depois da criação da CPMF, a carga tributária foi 27% do Produto Interno Bruto. Em 2006, havia crescido para 33,7%. Uma década depois da criação da CPMF pagávamos mais sete pontos percentuais de impostos sobre o PIB. E sem retorno em serviços públicos.

O brasileiro, além de arcar com uma das maiores cargas tributárias do mundo, é forçado a pagar por saúde, educação, segurança e outros direitos. O governo não se preocupa em gerir responsavelmente a coisa pública, eliminar gastos que, como os impostos, sobem ano a ano. Esse quadro é antigo.

Hoje, na contramão do que a sociedade quer – ser desonerada para diminuir o custo Brasil, aumentar a competitividade, abaixar preços, gerar empregos –, a prometida e postergada reforma tributária caminha para não atender à realidade. Cortar gastos públicos e diminuir impostos, sem sacrificar projetos sociais do governo, é possível.

Em 9 de maio de 2007, o "Manifesto da Sociedade contra a CPMF", liderado pela Federação das Indústrias do Estado de São Paulo (Fiesp) e com mais de 1,1 milhão de assinaturas, mostrava ao governo a inadequação da CPMF e pedia seu fim.

O então ministro da Fazenda, Guido Mantega, com nítido desprezo ao Congresso, incluiu a arrecadação da CPMF na Lei de Diretrizes Orçamentárias (LDO) para o ano seguinte sem esperar sua votação no Congresso. Apostou que tudo era possível em um Parlamento sob o espectro do mensalão, cujo presidente do Senado era julgado por corrupção.

O PSDB, naquele momento, demorou para decidir-se contra a CPMF, ratificando a pecha de que tucanos pousam "em cima do muro". O DEM, sem nada a perder, fechou questão contra a CPMF, conquistando simpatia popular. A CPMF venceu o embate na Câmara, mas perdeu no Senado e não foi reeditada. Quase 15 anos depois, a sociedade ainda luta pela saúde e questiona a situação tributária do país. Enfrenta corrupção.

Ferreira Gullar, morto em 2016, foi um dos mais importantes intelectuais deste país. Sofreu no golpe de 1964, mas sobreviveu. Deixou a obra emblemática: *A luta corporal*. Em um já esquecido domingo, de um esquecido setembro, de um esquecido 2007, Gullar assinou na Ilustrada o artigo "Apagão na saúde". Pois é, poeta, o país segue o mesmo. Com a esquerda ou a direita no poder, "a luta corporal" faz-se necessária na política, na economia, na saúde, na educação…

QUEM ENSINA LIBERTA

No mundo moderno, nestes velozes e competitivos tempos de informação global *on-line*, o conhecimento mais do que nunca se tornou essencial à sobrevivência, ao progresso de qualquer ser humano. Sem educação de qualidade – aliás, como tal, não se pode conceber diferente –, o mundo está condenado à estagnação, ao atraso. O progresso nasce no aprendizado, no crescimento, no saber cada vez mais amplo e melhor.

Do latim *insignare*, que significa "assinalar" no sentido de "mostrar algo a alguém", o professor, em todos os níveis, hoje transcendeu a esse distanciamento original e se integrou ao aluno na busca de um aperfeiçoamento mútuo nas relações da educação. Ensinar e aprender são um só caminho de mão dupla, permanente e humilde prática de quem, de fato, quer evoluir. O pioneiro educador, Anísio Teixeira, que implantou o ensino público no Brasil, disse: "Quando monto na asa de um pensamento, uma ideia, eu voo nessa ideia como se ela fosse uma ave". Como o sonho, o saber é ilimitado. Aprende mais, quem busca mais. Quem tem a coragem de voar nas asas da criação, descortinando outros inimagináveis horizontes.

Hoje, a tecnologia de ponta oferece as chamadas "máquinas de ensino". É o computador que, por meio de específicos programas (lineares, ramificados etc.), educa à distância. Adaptados à estrutura mental dos alunos, os micro e os seus complexos *softwares* começam a pretender substituir o professor na sala de aula. Engano. Nada substitui o olhar do mestre, o carinho pelo aluno, a capacidade de ler a alma de cada um e, com arte, buscar a melhor forma para que consiga aprender.

Conheci e tive o privilégio de conviver com dois emblemáticos professores brasileiros, neste país de tantos abnegados e capazes mestres anônimos: Paulo Freire e Darcy Ribeiro, nascidos e mortos nas mesmas épocas, ambos vieram ao mundo no início dos anos 1920 e desapareceram em 1997. Entretanto, seus ensinamentos e marcantes exemplos ficaram para a eternidade, como cabe aos homens e às mulheres de boa vontade que não passam pelo mundo como apenas uma brisa, mesmo que de pura poesia.

Freire e Darcy, na melhor demonstração do que significa ser professor num país pobre e em desenvolvimento, passaram suas vidas lutando pela democratização do ensino, pela erradicação do analfabetismo. Ambos arriscaram-se na luta contra a obscuridade do populismo que, sempre, preteriu a educação para melhor manipular o povo, triste vítima da desinformação, do desconhecimento. Sob um compromisso acima das próprias realidades, foram perseguidos, presos, torturados e amargaram o exílio em nome do direito à liberdade, à educação e à cultura para todos nós.

Em 1994, na Alemanha, passei uns dias em companhia de Darcy Ribeiro e outros intelectuais brasileiros. Participávamos do evento internacional "Brasil – Confluência de Culturas", quando nosso País foi tema da 46ª Feira do Livro de Frankfurt. Darcy já estava bastante doente, vítima do câncer que acabou tirando-lhe a vida. Conversamos muito, rimos muito (ele sempre elegante e bem-humorado) e, num inesquecível jantar, ele me disse que, entre tudo o que havia feito na vida (escritor, político, antropólogo e administrador público), nada lhe encantava mais do que ser educador. Darcy criou leis, defendeu crianças e indígenas, fundou universidades e foi o idealizador dos Centros Integrados de Educação Pública, os Cieps, um conceito mais tarde implementado pela prefeita Marta Suplicy, na capital paulista, com os Centros Educacionais Unificados (Ceus).

No "Dia do Professor", que se comemora em 15 de outubro, é preciso lembrar todos os mestres que, pelo nosso imenso Brasil, mesmo sem o respeito e o salário que merecem, iluminam (muitas vezes, até com um lampião de querosene) os caminhos que garantem aos brasileiros um futuro de liberdade, justiça, paz e desenvolvimento. Ao ler este texto, lembre-se com ternura e gratidão de quem lhe ensinou as primeiras, segundas e terceiras letras. Porque tão importante quanto saber ler, é entender e pensar sobre cada conteúdo e transformar a vida para melhor.

BUROCRACIA
É COISA SÉRIA

Naqueles tempos em que a maldade do homem era grande, disse o Senhor a Noé: "Dentro de seis meses farei chover por quarenta dias e quarenta noites, até que toda a terra seja coberta de água e todas as pessoas más sejam destruídas". E seguiu dizendo: "Mas quero salvar os bons e, também, duas criaturas de cada espécie viva do planeta, um macho e uma fêmea. Para tanto, ordeno que você construa uma arca".

Em seguida, entre raios e faíscas, o Senhor passou outras detalhadas instruções da missão para Noé, exemplo de fé e justiça, que respeitosamente respondia: "Está bem, Senhor. Eu farei tudo de acordo com a Sua vontade, não se preocupe". Já começando a desaparecer entre as nuvens, recomendou o Senhor: "Dentro de seis meses iniciará o dilúvio! Tenha a arca pronta, ou trate de aprender a nadar, porque, pelo resto da vida, terá de fazê-lo".

Passaram-se seis meses, o céu começou a ficar repleto de nuvens cinzentas, trovões e relâmpagos trouxeram um aguaceiro nunca visto antes. Começava o prometido dilúvio. O Senhor então olhou através da tempestade e pôde ver Noé, cabisbaixo, chorando tanto quanto o céu deitava água no pátio de sua casa. E não havia, por ali em volta, nenhuma arca.

O Senhor, bravo, pergunta: "Noé, cadê a arca?". E o pobre homem responde numa súplica: "Senhor, perdoa-me, fiz tudo o que podia, que estava ao meu alcance, mas encontrei muitos problemas". De fato, tudo começou quando precisou tirar uma licença de construção e pagar elevadas taxas para aprovar a planta da arca. Depois disso, exigiram que obtivesse um sistema de segurança contra incêndios, o que só foi possível com suborno ao funcionário responsável.

Quando imaginou que tudo estava pronto para começar a construção, os vizinhos se queixaram de que ele estava construindo uma arca em zona exclusivamente residencial. Por conta disso, perdeu vários meses em constantes e infrutíferas visitas à repartição pública responsável pelo assunto. Isso sem falar que, nas inúmeras vezes em que explicou para diferentes pessoas em distintos lugares as razões pelas quais construiria uma arca, todas lhe pediram uma procuração assinada pelo Senhor e com firma reconhecida em cartório.

Por se tratar de uma embarcação de grande porte, Noé não poderia agir como pessoa física. Microempresa, sob regime do Simples, nem pensar. A imposição era para que abrisse, pelo menos, uma limitada. E, é claro, seria indispensável cobrar passagens a cada casal de animais que fosse embarcado, todas emitidas por sistema digital com certificação da Fazenda e recolhendo os impostos devidos ao setor de transportes públicos. E qual não foi a sua surpresa, depois de reunir uns cinco quilos de papelada, ao receber uma notificação de dívida com o governo, acompanhada de multas e outros encargos, por estar atrasado com os documentos, segundo eles, já fora de prazo.

Superados esses pequenos grandes entraves, o problema era conseguir a liberação da madeira em quantidade suficiente para construir a arca determinada pelo Senhor. Os órgãos de defesa do meio ambiente, de proteção aos animais, de valorização dos povos das florestas, de garantia de permanência das paisagens não quiseram entender que se tratava de uma emergência. Não aceitaram as explicações de Noé quanto às determinações do Senhor para salvar a espécie humana e animal. Na verdade, até falaram de outros poderes...

Foi quando apareceram, para complicar ainda mais a tarefa, os representantes dos sindicatos e das centrais sindicais (se é central e única, por que há mais de uma?), impondo que Noé não construísse a arca apenas com seus filhos. Ele estaria tirando emprego e renda de carpinteiros e marceneiros. E, caso os contratasse, nada de horas extras além de duas por dia – é trabalho escravo, dá cadeia, um crime hediondo inafiançável.

Para procurar e cadastrar os animais que Noé salvaria do dilúvio não foi tão complicado, apenas preencheu uns formulários e pagou as guias de recolhimento de taxas na associação protetora das espécies. Um simpático funcionário público até que ajudou bastante o pobre Noé. Alertou-o de que não mais falasse que haveria um dilúvio, porque lhe pediriam um complexo estudo de impacto ambiental. Perdeu um grande argumento, mas escapou de mais essa burocracia...

Para o estoque, dentro da arca, da comida necessária para alimentar os animais durante o dilúvio, seria obrigatório que a área de saúde não apenas concedesse autorização, como também fiscalizasse as condições de armazenagem: câmaras frigoríficas etc. Um tecnocrata de um desses vários órgãos públicos pediu um mapa da área que seria inundada, sem esquecer de mencionar medidas e pontos limítrofes. Noé estava tão nervoso que fez uma grosseria: mandou-lhe um globo terrestre. Quase foi preso...

E os responsáveis pelo setor de trânsito queriam porque queriam inspecionar o motor da arca e não abriram mão de que Noé tivesse licença para pilotar. Sem falar, é claro, que ordenaram a construção imediata de postos de pedágio aquático... Para finalizar, os zelosos policiais responsáveis pela repressão às drogas avisaram que, quando a arca ficasse pronta, teriam de vistoriar toda a embarcação. E isso levaria semanas.

Nesse momento, a tempestade parou. Surgiu o sol e um lindo arco-íris coloriu o firmamento. Noé, num misto de emoção e surpresa, ainda temeroso, perguntou aos céus: "Isso significa que o Senhor desistiu de nos castigar?". E ouviu: "Sim, meu filho, porque descobri que não mais será necessário. Os seus governos, em todos os níveis, já estão tratando disso…".

Com a temporada das chuvas, enchentes e alagamentos acontecem aqui pela região Sudeste. As autoridades, como de costume, culpam São Pedro pelos problemas. Contudo, como na fábula acima, sabemos que o santo não é responsável pela falta de planejamento, estratégia e empenho dos gestores públicos.

VOTO FEMININO

Em 3 de novembro de 1930, tinha origem o que comemoramos todos os anos nessa mesma data: Dia da Instituição do Direito ao Voto da Mulher. O então presidente da República, o paulista Washington Luís (Partido Republicano), reconheceu em lei esse direito. Entretanto, permaneciam restrições: as mulheres casadas só poderiam votar com autorização dos maridos; já as solteiras e viúvas tinham permissão de ir às urnas apenas se comprovassem renda própria. Clara demonstração de que a luta das mulheres pela plenitude desse direito não foi fácil.

A conquista do voto da mulher é um fato relevante não apenas na história eleitoral do País, como para todos nós, brasileiros. A cientista paulista Bertha Maria Julia Lutz e a professora mineira Maria Lacerda de Moura fundaram a Liga pela Emancipação Intelectual da Mulher, que mais tarde tornou-se a Federação Brasileira pelo Progresso Feminino.

A rigor, as discussões sobre o direito da mulher ao voto começaram mais de 100 anos antes do decreto assinado por Washington Luís, em 1930. A Constituição de 1824 não apresentava nenhum impedimento ao exercício dos direitos políticos por mulheres – porém, também não deixava claro que elas poderiam votar e ser votadas.

O movimento sufragista feminino no Brasil teve, assim, efetivo início com Bertha Lutz, bióloga e filha do cientista carioca Adolfo Lutz. Ela estudou na Universidade de Paris (Sorbonne), na França, e tornou-se uma das precursoras do feminismo no Brasil. Em 1919, quando voltou da Europa, estava determinada a lutar pelo direito de voto das mulheres. Bertha também se formou em Direito, pela Faculdade Nacional do Rio de Janeiro. No mesmo ano, representou o Brasil na Conferência Interamericana de Montevidéu – Uruguai, marco do início de seu trabalho diplomático pelo País, que teve continuidade em representações na Conferência Internacional do Trabalho e, mais tarde, em outros encontros internacionais.

O seu primeiro desafio em busca da conquista do voto feminino, não por acaso, acontece exatamente no âmbito das ciências. Ela concorre a um cargo de docente e pesquisadora no Museu Nacional e não aceitam sequer sua inscrição por ser mulher. Bertha faz um apelo à Justiça e leva, para fundamentar seu pleito, um parecer do respeitado jurista Rui Barbosa. Ela é aceita, faz o concurso e é aprovada em primeiro lugar, tornando-se a segunda mulher a ingressar no serviço público, em todo o País.

O direito de voto feminino foi institucionalizado em 1930 – porém, três anos antes, uma mulher já havia votado em uma eleição no País. Em 1927, a professora Celina Guimarães Viana foi a um cartório de Mossoró (RN), a 280 km de Natal, e pediu para ser incluída na lista de eleitores da cidade. Celina foi, assim, a primeira mulher a ter o direito ao voto no Brasil. Seu alistamento eleitoral foi aceito com base no que previa a Lei nº 660, de outubro de 1927, determinando as regras para que os eleitores solicitassem sua inscrição e participação nos pleitos.

O Rio Grande do Norte foi o primeiro estado brasileiro a regulamentar o próprio sistema eleitoral, e incluiu um artigo que definia o sufrágio sem "distinção de sexo". Entretanto, Celina não teve o voto aceito pela Comissão de Poderes do Senado. Apesar disso, a professora ganhou fama mundial e marcou o direito de voto das mulheres no Brasil, abrindo o caminho para a luta de Bertha Lutz e outras mulheres. A eleição de 1933, para a Assembleia Nacional Constituinte, sob o ciclo getulista, foi a primeira em que o direito de voto feminino foi exercido em âmbito nacional.

Bertha Lutz foi revolucionária e contribuiu para o nosso desenvolvimento não apenas nos campos da ciência, do direito e da política. A educação sempre esteve entre suas maiores preocupações. Foi eleita suplente de deputado federal em 1934, pelo Partido Autonomista (DF), após duas tentativas malogradas de se eleger. Em 1936, assumiu o mandato na vaga deixada com a morte de Cândido Pessoa, num mandato que durou pouco mais de um ano. Suas principais bandeiras de luta eram mudanças na legislação que previam direito das mulheres ao trabalho, à licença-maternidade, equiparação de salários e benefícios, bem como proteção contra o trabalho infantil.

Bertha, por suas muitas realizações, foi convidada pelo Itamaraty a integrar a delegação brasileira para a Conferência do Ano Internacional da Mulher, promovida pela Organização das Nações Unidas (ONU) e realizada no México, em junho de 1975. Foi quando, no Rio de Janeiro, tive a oportunidade de entrevistá-la para o *Jornal do Brasil*. Quando lhe perguntei a razão de toda a sua luta, ela respondeu: "Recusar à mulher a igualdade de direitos em virtude do sexo é denegar justiça à metade da população brasileira".

A cientista faleceu aos 82 anos, em 16 de setembro de 1976, em um asilo da Estrada Velha da Tijuca, na cidade do Rio de Janeiro (RJ). Tornou-se eterna como símbolo de uma luta – que infelizmente ainda não acabou – pela liberdade, igualdade, fraternidade e respeito de todos nós por nós mesmos.

Nas eleições de 2022 no Brasil, segundo levantamento do G1, a participação das mulheres chega a 33,27% do total. Um crescimento a ser comemorado. Aumentou, também, o número de mulheres autodeclaradas pretas. Na eleição passada, eram 32%; em 2012, 31%. Esse percentual continua sofrendo para crescer somente 1% por disputa. A luta das mulheres, que já dura mais de 90 anos, segue viva e conquistando resultados.

CONSCIÊNCIA NEGRA

Muito além de mais uma folga neste Brasil pródigo de feriados e pontes – como se fosse rico e sem problemas –, devemos pensar nas razões que levaram a criar um Dia Nacional da Consciência Negra.

Pois é... Porque não há consciência, respeito para com o negro no Brasil. Temos, e mantemos, um racismo estrutural que tem origem na chaga da escravidão desde 1500, quando esta terra foi invadida e os indígenas que eram seus habitantes recusaram-se a trabalhar para os colonizadores.

O Dia Nacional da Consciência Negra tem origem na data da morte, em 1695, do líder quilombola Zumbi dos Palmares, ícone da resistência no auge da escravatura no País. A Lei nº 12.519, de 2011, instituiu oficialmente esta simbólica data. Afinal, tomando como exemplo os dados sobre renda e desigualdade, vemos que o Brasil permanece sob a influência da herança escravagista quanto ao tema inclusão e igualdade social. A maioria da população brasileira, 56,2% dos habitantes, autodeclara-se negra (pretos ou pardos), segundo o IBGE.

No entanto, dados levantados pela Pesquisa Nacional por Amostra de Domicílios (PNAD), promovida pelo IBGE em 2017, apontam que a renda média de pretos e pardos corresponde a R$ 1.570 e R$ 1.606, respectivamente, enquanto a renda média de brancos é de R$ 2.814. Dados da PNAD de 2015 também apontaram que a porcentagem de pretos e pardos do grupo de 1% dos mais ricos da população era de 17,8%, enquanto o grupo dos 10% mais pobres tinha um total de 75% de pretos e pardos.

Na esteira da luta pela igualdade racial, o Senado brasileiro aprovou projeto que inclui injúria racial na Lei do Racismo, e aumenta a pena para esse crime de dois para cinco anos de prisão. Atualmente, a injúria racial está descrita no Código Penal, com punição de um a três anos.

Um dos PLs reconhece o Cais do Valongo, na zona portuária do Rio de Janeiro (RJ), como "patrimônio histórico-cultural afro-brasileiro essencial para a formação da identidade nacional". Principal porta de entrada de negros africanos escravizados no Brasil e nas Américas, o local tem muito significado. Estudiosos estimam que até 2,4 milhões de vítimas do tráfico humano tenham passado pelo Cais do Valongo no século XIX. O projeto também estabelece diretrizes para a proteção do sítio histórico e arqueológico, que recebeu o título de Patrimônio Mundial da Humanidade da Unesco. Outra proposta aprovada cria o Selo Zumbi dos Palmares, com o objetivo de incentivar municípios a criarem e realizarem políticas públicas de promoção da igualdade racial, notadamente em saúde, educação, trabalho e combate à violência.

Uma das iniciativas voltadas a buscar igualdade racial no Brasil criou as cotas para negros (pretos e pardos) nas universidades públicas. Como o Dia da Consciência Negra, elas também não seriam necessárias se tivéssemos históricas condições e oportunidades iguais para negros no País. Pesquisa do instituto PoderData mostra que 60% dos eleitores brasileiros são favoráveis a cotas para pretos e pardos nas universidades públicas. Outros 28% são contra, e 12% não souberam responder.

Em sua estratificação de dados, a pesquisa mostra a percepção sobre as cotas para pretos nas universidades públicas por sexo, idade, região e escolaridade. Quem mais é contrário às cotas: Homens (39%); os que cursaram ensino superior (36%); moradores da região Norte (39%). Quem mais é favorável à medida: Mulheres (67%); os com 60 anos ou mais (69%); os que cursaram ensino fundamental (65%); moradores da região Nordeste (71%).

O Dia Nacional da Consciência Negra, portanto, não é data para ficar de folga e comemorar, porque ainda não há razão para isso. Entretanto, deve gerar reflexão e mudança de conduta. Um dia que motiva respeito e fraternidade.

A ALEMANHA NÃO É AQUI

A Alemanha acaba de eleger um novo governo. E depois de um longo período em que teve no comando de sua democracia alguém muito especial: Angela Merkel. Chanceler da Alemanha desde 2005, cargo equivalente ao de primeira-ministra, ela é a mais longeva chefe de estado do país depois de Otto von Bismarck, no século XIX, e de Helmut Kohl, seu padrinho político, que governou na década de 1980.

Primeira mulher a comandar a Alemanha, Merkel deixa o cargo como uma das principais lideranças políticas do mundo, conhecida e respeitada em seu país e no Exterior. Liderou os alemães durante várias e distintas crises: a financeira internacional de 2008; a da Zona do Euro; a da anexação da Crimeia, na Ucrânia, pela Rússia, em 2014; a dos refugiados na Europa, em 2015 e 2016; e durante a pandemia de covid-19, nos últimos dois anos de seu mandato.

Cabe lembrar que a Alemanha é o país mais rico e populoso da União Europeia, o que faz de seus governantes líderes naturais do bloco. Merkel é reconhecida como competente gestora de crises e hábil negociadora de acordos. Entre as lideranças alemãs, Merkel soma atípica condição: mulher; divorciada (manteve o sobrenome do ex-esposo) e casada novamente (sem filhos, tem dois enteados do segundo matrimônio); cientista (graduada e doutorada em Química Quântica); e nascida e educada na antiga Alemanha Oriental (a comunista). Merkel é chamada pelos alemães de "*mutti*", o que significa "mamãe".

Eleita para quatro mandatos consecutivos em 2005, 2009, 2013 e 2017, ela decidiu não se candidatar para mais um período, apesar de alta avaliação nas pesquisas. A chanceler é descrita como culta, equilibrada, pragmática, bem informada, diplomática e alguém que sabe ouvir muito e falar pouco. Alguns a criticam por ser cuidadosa demais nas decisões, o que a leva a demorar ou não ser decisiva em alguns momentos. Angela Merkel foi eleita 10 vezes consecutivas a mulher mais poderosa do mundo pela revista *Forbes*.

Quando jovem, Merkel integrou instituições do regime comunista da Alemanha, como a Jovens Pioneiros e a Juventude Livre Alemã, mas nunca se filiou ao partido governante e se recusou a ser informante da Stasi, a temida polícia política da época. Manteve uma postura de distanciamento e contestação fechada ao governo. Depois da queda do muro, em 1989, Merkel uniu-se ao recém-criado partido Despertar Democrático. De acordo com a revista *New Yorker*, aos 35 anos, ela bateu na porta da agremiação e disse: "Posso ajudar?". E ajudou.

Ainda em 1989, esse grupo juntou-se à Aliança para a Alemanha, uma coalizão que contava com a União Social Alemã (DSU) e a União Democrata Cristã (CDU). A coligação ganhou a primeira e única eleição livre da Alemanha Oriental, em março de 1990. O novo primeiro-ministro, Lothar de Maizière (CDU), nomeou Merkel porta-voz adjunta do governo. Ela filiou-se à CDU e o partido fundiu-se à sua contraparte na Alemanha Ocidental, a CDU de Helmut Kohl, em 1º de outubro de 1990, pouco antes da reunificação da Alemanha. Em dezembro, na primeira eleição do país reunificado, Merkel foi eleita para o Parlamento, o *Bundestag*.

Kohl, artífice da reunificação, nomeou-a para seu gabinete como ministra das Mulheres e Juventude. O então chanceler apresentou Merkel como "*mein Mädchen*", "minha garota" e ela passou a ser chamada de "*Kohls Mädchen*", "a Garota de Kohl". Em 1991, ela foi escolhida como vice-presidente da CDU. Depois das eleições de 1994, com mais uma recondução de Kohl, Merkel tornou-se ministra do Meio Ambiente.

Ela presidiu a primeira Conferência das Nações Unidas para o Clima (COP), realizada em Berlim, em 1995. Em 1998, Kohl perdeu a eleição para Gerhard Schröder, do Partido Social-Democrata da Alemanha (SPD). No mesmo ano, Merkel foi eleita secretária-geral da CDU e casou-se com seu segundo marido, o químico Joachim Sauer, companheiro de muito tempo.

No final da década de 1990, a reputação de Kohl e da CDU foi abalada por um escândalo de financiamento de campanha que envolvia doações em Caixa 2 e contas secretas. A "Garota de Kohl" não perdeu tempo e publicou carta aberta na imprensa conclamando o partido a romper com seu antigo líder. "Nós, que agora temos responsabilidade pelo partido, e não muita por Helmut Kohl, vamos decidir como abordar esta nova era", acrescentou. Em 2000, Merkel foi eleita presidente da CDU, primeira mulher e primeira pessoa não católica a ocupar o cargo.

Embora pretendesse candidatar-se a chanceler em 2002, por pressão do partido cedeu a vaga para Edmund Stoiber, da aliada União Social Cristã (CSU). A coligação perdeu a eleição para o social-democrata Gerhard Schröder, e Merkel tornou-se líder da oposição. Em 2005, porém, ela saiu candidata e venceu Schröder. Em seu mandato inicial, após referendos na França e na Holanda terem derrubado o projeto de uma Constituição Europeia, ela se empenhou na negociação do alternativo Tratado de Lisboa, que deu ao bloco suas características institucionais atuais.

Em 2011, após o desastre de Fukushima, no Japão, Merkel anunciou o fechamento gradual de todas as usinas atômicas da Alemanha – teve a coragem de mudar suas posições. Enfim, uma história muito interessante de alguém que soube transitar com segurança e independência – antes e depois da derrubada do muro de Berlim e do término da Guerra Fria –, entre a esquerda, o centro e a direita.

Depois de décadas de Merkel no comando do país, os alemães acreditam que elegeram um governo de centro-esquerda na aliança encabeçada pelo futuro premiê Olaf Scholz, que reúne seu Partido Social-Democrata com o Partido Verde e o Partido Liberal. No Brasil, ninguém entenderia assim – de esquerda. Aliás, os alemães já o denominaram "coalizão do semáforo". O vermelho social-democrata, o verde dos ambientalistas e o amarelo dos liberais. Foi bem complicado compor essa frente ampla. Centenas de especialistas dos três partidos se reuniram por semanas, até definir um programa de governo que fizesse sentido para todos.

Será uma tarefa também muito complexa esse "semáforo", alternando suas cores, cumprir as promessas de campanha. São compromissos de que: será mantido o teto de gastos, não haverá criação ou aumento de impostos, o salário mínimo aumentará em 25% e a energia alemã será 80% limpa até 2030. Na Alemanha, quando um gasto público é anunciado, os governantes também informam como ele será pago. Os eleitores cobram dos governos, com firmeza, que cumpram o que prometeram. E não há "orçamento secreto".

Pois é... Em 2022, teremos eleições presidenciais no Brasil – "país tropical, bonito por natureza, que beleza!". Aqui, no entanto, tudo é diferente da Alemanha. Lá a preocupação com a ideologia é uma questão menor, prevalece o interesse da sociedade. Na política brasileira, e de resto na latino-americana, somar três forças políticas distintas é algo quase impossível. Digo "quase", porque a única coisa certa entre nós é que tudo é incerto. Aqui, o despreparo cultural e educacional ainda alerta quanto ao equívoco de que preocupações sociais são perigosas bandeiras da esquerda.

"AUXÍLIO VOTOS"

Há um grave problema contra o qual vários países do mundo lutam: fome. Embora o Brasil não sofra com terremotos, furacões, tsunâmis, vulcões e guerras, tendo muitas terras agriculturáveis sob clima ainda favorável, grande parcela da sua população enfrenta a crueldade da fome.

Eis uma solução simples, digna e eficaz para o problema da segurança alimentar: cultura e educação. Proporcionando acesso a esses bens com qualidade, governos podem garantir que – por mérito próprio – as pessoas sustentem suas famílias. Sem a necessidade de nenhum tipo de assistência governamental ou privada.

Quando faltam cultura e educação, diante da realidade da fome, faz-se necessário amparar os que são vítimas dessa desumana condição.

Programas de transferências de renda são políticas sociais existentes em algumas partes do mundo para reduzir e combater a miséria. Não são "paternalismos", são puro respeito humano. Como no poema "Trem da Leopoldina", de Solano Trindade, a recomendação é: "Se tem gente com fome, dá de comer!".

No final da década de 1990, apenas três países atuavam em programas assim: Bangladesh, México e Brasil. Depois, outros países passaram a oferecer transferência de renda. Hoje há programas similares em: Turquia, Camboja, Paquistão, Quênia, Etiópia, África do Sul, Gana, Indonésia e Egito.

Até em países supostamente ricos, como os Estados Unidos, encontramos programas de renda mínima como o que existe, desde 2007, em Nova York, o *Opportunity*. Inspirada no "Bolsa Família" do Brasil, a ação norte-americana inova ao estabelecer condicionalidades para que se rompa o ciclo da pobreza com dignidade, motivando os beneficiados para o crescimento social com ensino técnico e reciclagem profissional.

Esses programas não são novidade no Brasil, nem têm os "donos" políticos que a maioria imagina. No início dos anos 1950, o brasileiro Josué Apolônio de Castro, médico e nutrólogo pernambucano, tornou-se presidente do Conselho da Organização das Nações Unidas para Alimentação e Agricultura (FAO). Naquela oportunidade, disse: "No Brasil, ninguém dorme em razão da fome. Metade porque está com fome, e a outra metade porque tem medo de quem tem fome". E sugeriu um programa contra o problema.

Quanto ao "Bolsa Família", o idealizador do projeto foi o sociólogo brasileiro Herbert José de Sousa, o Betinho, inspirado em projeto anterior, o "Bolsa Escola" (2001), criado pelo educador Cristovam Buarque, quando governador do Distrito Federal. Os diferentes programas sociais "bolsa" foram unificados por Ruth Cardoso, no governo Fernando Henrique Cardoso, e oficializados no governo Luís Inácio Lula da Silva.

Uma das principais promessas da campanha de Jair Bolsonaro quando disputou a presidência do Brasil foi a de que não faria a "velha política". Além de descumprir o prometido quando candidato, acaba de praticar um dos marcos da mais antiga ação eleitoreira: mudou o nome do "Bolsa

Família" para "Auxílio Brasil", às vésperas do ano eleitoral de sua candidatura à reeleição.

Medida populista e inconsistente, sem clara fonte de recursos, usada nas eleições para obter apoio dos menos esclarecidos, é o "Auxílio Votos". A fome por votos é tão grande no Brasil quanto a fome por comida, que segue longe de ser zero...

PESADA HERANÇA

Há mais de 30 anos a Colômbia tenta esquecer Pablo Escobar, criminoso ligado ao tráfico de drogas e conhecido em todo o mundo. Infelizmente, muitas vezes mais lembrado do que ícones da cultura colombiana, como o escritor Gabriel García Márquez e o artista plástico Fernando Botero, apenas para citar dois entre muitos.

O traficante, que foi imortalizado na série *Narcos* (Netflix), com o ator brasileiro Wagner Moura no papel de Pablo Escobar – sem falar de várias outras séries, filmes e livros –, segue vivo e causando problemas. O tempo passou, mas sua herança não permite enterrar uma triste memória. E por quê? O que faz de alguém assim, como também aconteceu com o norte-americano Al Capone, tornar-se imortal?

Pablo Escobar está presente na vida colombiana mais do que nunca, porque uma de suas excentricidades tornou-se polêmica nacional. Quando no auge do seu ilimitado poder, conquistado às custas de efetiva corrupção ligada diretamente ao processo político, o criminoso colecionou animais exóticos em sua "Hacienda Napoles" (homenagem à Máfia italiana), hoje um parque temático.

Um zoológico particular com espécies da fauna adquiridas, na maioria ilegalmente, em outros países. Depois de sua morte, os animais foram distribuídos por parques estaduais. Entretanto, um casal de hipopótamos que não obedeceu à complexa logística, porque era difícil de transportar, foi abandonado na fazenda para morrer. Ao contrário, em busca de alimentos, macho e fêmea se evadiram e procriaram, notadamente nas margens e águas do rio Magdalena – principal rio da Colômbia, com 1.543 km de extensão, que atravessa o país do Sul ao Norte.

Hoje, estima-se que a população de "hipopótamos da cocaína" no país seja algo em torno de 120, ou mais. Depois da África, a maior do planeta. Segundo especialistas, será de 1.500 em uma década. Animal agressivo, com cerca de cinco toneladas, já causou mortes de pessoas. Autoridades colombianas tentaram sua esterilização, mas o custo é alto e a operação é de risco. Desistiram. Em 2009, caçadores contratados pelo governo colombiano atiraram no hipopótamo "Pepe", por ameaçar comunidades locais. Protestos tornaram os animais da espécie legalmente protegidos, o que é obstáculo a qualquer plano de manejo.

O tema é polêmico e está dividindo a sociedade, e já surgem partidários até no exterior. Além do aspecto prático, há o político. De um lado os que defendem a liberdade para os hipopótamos, e de outro os que não os querem porque esses invasores estão ameaçando trabalhadores rurais e, em especial, alterando o ecossistema da bacia do Magdalena.

Pablo Escobar ficou conhecido, e foi respeitado por boa parte da população que o encobria, como um Robin Hood às avessas. Construiu estádios de futebol, casas populares, escolas e hospitais em comunidades pobres. Foi um sanguinário na busca de seus objetivos e chegou a ser, nos anos 1970, um dos homens mais ricos do mundo. Corrompeu e matou nos três poderes, com sua política *O plata o plomo* ("Ou dinheiro ou chumbo").

Certos personagens da História, em especial com envolvimento político, que podem parecer riscos apenas temporários só até o fim das próximas eleições, são ameaças eternas. Deixam pesadas heranças em um rastro de populismo, violência, corrupção e desmando.

NO CARNAVAL DA ESPERANÇA

Diante de Jair Bolsonaro (PL), haverá um conjunto de líderes partidários capaz de, sem vaidades ou pretensões pessoais, unir a oposição tendo um só nome como candidato à Presidência da República?

Após o golpe militar de 1964, surgiram articulações entre os líderes políticos para a formação de uma frente ampla de oposição à ditadura. Em 1966, o deputado federal Renato Archer (MDB-RJ) promoveu um encontro em Lisboa dos ex-presidentes Juscelino Kubitschek (PSD), exilado em Portugal, e João Goulart (PTB), exilado no Uruguai. Archer foi um dos principais articuladores para unir forças contra a ditadura.

Integrante do movimento que derrubou Jango e cassou os direitos políticos de JK, o ex-governador da Guanabara Carlos Lacerda não concordava com medidas econômicas e políticas impostas pelos militares. Lacerda pretendia chegar ao Palácio do Planalto e se voltou contra o golpe que apoiara porque rejeitava as eleições indiretas e a prorrogação do mandato do general presidente Castelo Branco.

Mediador entre Lacerda e Juscelino, Archer assumiu a posição de porta-voz do primeiro, tentando conquistar também as adesões do ex-presidente Jânio Quadros (MDB) e do ex-governador de Minas Gerais Magalhães Pinto (Arena).

Jango não aceitava a ideia de unir-se a Lacerda, inimigo do PTB getulista e com militares ao seu lado. Em setembro de 1967, Lacerda e Jango abandonaram as desavenças em histórica reunião na capital uruguaia. Archer havia garantido a Jango que os militares lacerdistas não seriam contra a aliança sob uma condição: a de que a Frente Ampla não promovesse luta armada para derrubar o regime. Leonel Brizola (PTB), ex-governador do Rio Grande do Sul, próximo de Jango, apoiava grupos guerrilheiros que se organizavam pelo país. Mais tarde, fundaria o PDT.

Boa parte dos parlamentares do MDB aderiu à Frente Ampla e surgiu forte mobilização popular. Primeiro no ABC paulista, em 1967, depois em Londrina e Maringá (PR), em 1968. Manifestações estudantis pontuaram em todo o Brasil contra a violência policial que, em março de 1968, no Rio de Janeiro, assassinara o estudante Edson Luís de Lima Souto. O regime militar estava acuado.

Em abril daquele ano, medidas repressivas foram instauradas pelo ministro da Justiça, Luís Antônio da Gama e Silva, e a Portaria nº 117 proibiu a Frente Ampla. Em dezembro, após a edição do Ato Institucional nº 5, Lacerda perdeu os direitos políticos. Archer ficou sem mandato e também foi cassado. Sofreu longo período de perseguição. Preso várias vezes pela Polícia Federal, foi arrolado pelo Exército em inquérito policial militar – não foi a julgamento por falta de provas.

Em novembro de 1970, no governo do general Emílio Garrastazu Médici, Archer foi preso pela terceira vez, então com violência. Sua residência foi invadida, e a filha de 6 anos ameaçada de sequestro. Ele nunca desistiu de unir a oposição contra a ditadura. Em 1978, ao lado do ex-ministro Severo Gomes, foi um dos ativistas da Frente Nacional de Redemocratização (FNR), movimento que articulou a candidatura do general dissidente Euler Monteiro à Presidência, pelo MDB, contra a chapa oficial do general João Figueiredo.

Em 1984, já no período de agonia e morte do regime militar, o Partido do Movimento Democrático Brasileiro (PMDB), oposicionista, e a Frente Liberal, dissidência do Partido Democrático Social (PDS), governista, uniram-se para apoiar, na eleição presidencial a ser realizada pelo Colégio Eleitoral em janeiro de 1985, chapa com Tancredo Neves, oposicionista moderado, e José Sarney, ex-presidente do PDS (antiga Arena).

A coesão de esforços para vencer um opositor é caminho válido, mas o que a história registra é frustrante. Muita conversa, muita promessa e, na hora da decisão, cada um arruma um bom motivo para não ceder espaço. União requer humildade, desprendimento, altruísmo e respeito pelo interesse coletivo.

|183|

Lula (PT), Ciro Gomes (PDT), João Doria (PSDB), Simone Tebet (MDB), Felipe d'Avila (Novo), Sofia Manzano (PCB) e outros serão capazes de abrir mão de interesses próprios e partidários para constituir uma consistente e exitosa frente ampla? Ou tudo acabará apenas na comissão de frente de um desafinado samba-enredo derrotado no carnaval da esperança?

DIFÍCIL EQUAÇÃO

Como se faltassem temas de efetivo interesse da sociedade, o presidente Jair Bolsonaro segue se ocupando em atacar as urnas eletrônicas. Autocrático, conflita com os demais poderes, a imprensa e qualquer um que não concorde com ele.

Seus correligionários, os que restaram depois de uma gestão catastrófica e, na sua maioria, manipulados pela cultura do ódio – vazia defesa quando faltam argumentos –, empregam o que se convencionou denominar "linguagem memética". Algo que tem origem no que Richard Dawkins conceituou no livro *O gene egoísta*. Trata-se da unidade fundamental conceptual da memória. Ou seja, para Bolsonaro e seus seguidores não há adversários políticos, só inimigos.

Quem discorda dele é contra ele e, obrigatoriamente, a favor de seu principal concorrente. Isso é falta de entendimento da realidade. Discordar não se constitui em radicalizar. Inexiste no bolsonarismo a consciência de que o debate de ideias traz luz, permite opções. O obscurantismo em que Bolsonaro está mergulhado garante a certeza de que o mundo se reduz a ele, ao seu entendimento das coisas, e nada além.

Uma conduta que dividiu o Brasil em dois lados: os "contra" e os "a favor". Um retrocesso ao que de pior já existiu na política. É preciso curar o Brasil dessa grave doença, dessa depressão cívica. A ardilosa conduta de Bolsonaro tem obtido resultados ao desacreditar o processo eleitoral, atacar o STF e agredir a imprensa – ferir a democracia. A rigor, tem criado um clima de golpe e espalhado medo sob a antiga fórmula de transformar o opositor no demônio, para que não reste outra saída ao eleitorado do que ele, o suposto "salvador da Pátria".

Ao colocar em dúvida a seriedade das autoridades, minar as estruturas do Estado, criar e disseminar *fake news*, Bolsonaro busca enfraquecer perante a sociedade quem poderia agir dentro da lei contra ele. E vale lembrar que, nesta gestão, tivemos um aparelhamento na estrutura pública federal, com milhares de cargos públicos entregues a militares das forças armadas que estão gostando do poder, dos salários e das mordomias. Por outro lado, a inflação aumenta o recolhimento de tributos pelo governo, que, além de gastar mal, emprega os recursos em ações populistas que atraem eleitores, mas, por outro lado, geram sérias complicações econômicas para o futuro.

O grande desafio do novo presidente do Brasil será governar com equilíbrio e respeito aos interesses da sociedade sem, é provável, ter maioria no legislativo. O que se conhece do eleitor médio brasileiro é o interesse em votar apenas nos candidatos aos cargos majoritários. Para os parlamentos, a escolha não tem sido uma prática com base em análises mais aprofundadas, tanto que, tempos depois das eleições, quando se pergunta aos eleitores em quem eles votaram para a Câmara e o Senado, parte significativa do eleitorado não sabe dizer os nomes dos que mereceram sua confiança.

Escolher e votar em deputados federais e senadores íntegros, capazes e realmente democratas, em especial na eleição de 2022, também é muito importante para dificultar golpes e garantir governabilidade e progresso.

PABLO NERUDA

O poeta chileno Pablo Neruda está mais vivo do que nunca, embora tenha morrido em 1973. Lido, biografado, estudado no mundo inteiro.

Nascido na pequena Parral, passou a adolescência em Temuco, sul do Chile, onde descobriu a natureza que cantou por toda a sua existência. "Esta é a terra. Cresce em teu sangue e cresces." O pai era maquinista de trem e levava o filho em suas viagens pelo interior do país. Registrado como Neftalí Ricardo Reyes, tornou-se conhecido internacionalmente como "Pablo Neruda", pseudônimo que adotou em homenagem ao poeta tcheco Jan Neruda.

Aos 17 anos, mudou-se para Santiago, capital do país, e ingressou no curso de Francês do Instituto Pedagógico da Universidade do Chile. Começa a escrever seus primeiros poemas, publicados no livro de estreia *Crepusculario* (1923). Com apenas 20 anos, torna-se um dos maiores poetas chilenos, ao lançar seu livro mais conhecido, traduzido e editado em todo o mundo: *Vinte poemas de amor e uma canção desesperada*. Essa obra, de intenso lirismo, já superou a marca de sete milhões de exemplares.

Enamorado da vida, Neruda foi um homem de grandes paixões. Desde os românticos amores juvenis, até aqueles intensos e voluptuosos que dedicou às esposas (três) que o inspiraram ao longo de seus 69 anos de vida bem vivida. "Foi meu destino amar e me despedir".

Neruda foi diplomata, representando seu país como embaixador em nações de quatro continentes. Servindo na Espanha, viveu a barbárie da Guerra Civil e se tornou marxista, dedicando sua existência à defesa dos ideais comunistas, notadamente a justiça social.

Se encontras num caminho um menino roubando maçãs e um velho surdo com um acordeom, recorda que eu sou o menino, as maçãs e o ancião. Não me magoes perseguindo o menino, não batas no velho vagabundo, não atire ao rio as maçãs.

Elegeu-se senador no Chile, em 1945, pelo Partido Comunista. Foi cassado, exilando-se na Europa. Recebeu, na antiga União Soviética, o "Prêmio Lênin" da paz. Foi nesse período que Neruda escreveu uma de suas obras de maior importância, *Canto geral*, uma coletânea épica de poemas sobre a América Latina.

Em 1972, eu estava em Paris e tive a oportunidade de conhecer o poeta. No ano anterior, Neruda havia recebido o Prêmio Nobel de Literatura. Conversamos bastante sobre o Brasil, Neruda estava preocupado com a violência da nossa ditadura militar. Lembro que também falamos sobre a guerra do Vietnã, o bombardeio com napalm da aldeia de Trang Bang e a inesquecível imagem da menina nua queimada correndo por uma estrada. Ezra Pound, poeta norte-americano acabara de morrer. Questionamos sua opção fascista e concordamos em que Pound era melhor tradutor do que poeta.

No início de 1973, revi Neruda no Chile. Fiquei emocionado ao constatar que ele se lembrava do nosso "papo" em Paris. O poeta, porém, estava muito preocupado, parecia antever o sangrento golpe militar que derrubaria o presidente constitucional Salvador Allende e nomearia o general Augusto Pinochet em seu lugar. Um golpe que mataria cerca de 30 mil compatriotas do poeta. E ele próprio, 12 dias depois da tomada do poder pela força do ódio. Pablo Neruda, que nesta semana teria 118 anos, escreve "…para ti, para ninguém, para todos". Leia e se emocione.

O DIREITO DE VIVER

A imprensa noticiou que, em 27 de julho de 2022, ao ser parado em uma *blitz* policial da Lei Seca no Rio de Janeiro (RJ), o modelo e influenciador digital Bruno Krupp foi multado por estar sem habilitação, recusar o teste do bafômetro e conduzir veículo sem placa. Apesar de todos os problemas, foi dispensado e sua moto não foi apreendida.

Três dias depois, Bruno atropelou e causou a morte de um jovem de 16 anos. Segundo registro da Polícia Civil, com a mesma moto e sem habilitação para dirigi-la. Cabe a pergunta: Por que, ao ser parado em *blitz* dias antes, a moto não foi apreendida em virtude de seu condutor não ser habilitado, recursar-se a teste de ingestão de bebida alcoólica e, ainda, o veículo não ter sequer placa?

Em abril deste ano, Medida Provisória (MP) editada pelo presidente Jair Bolsonaro (PL) em maio do ano passado, aprovada pelo Congresso em outubro e sancionada pelo presidente no mesmo mês, mudou o Código de Trânsito Brasileiro (CTB). Desde então, o seu artigo 271 determina: "Não caberá remoção do veículo em casos em que a irregularidade for sanada no local da infração e naqueles em que o veículo tenha condições de circulação em via pública".

Sou pai de um filho de 26 anos e avô de uma neta de sete meses que foram mortos no trânsito de São Paulo (SP) por um motorista irresponsável, que avançou um semáforo vermelho e bateu no carro em que eles estavam. Fugiu sem prestar socorro e ainda fez Boletim de Ocorrência (BO) falso, declarando acidente sem vítimas para receber seguro.

Lutei mais de 20 anos na Justiça para, diante de constantes mudanças na legislação, não deixar o caso prescrever. Depois de décadas, o competente advogado localizou o criminoso e o levamos a julgamento. Foi condenado a um ano e nove meses de reclusão, ainda recorreu e reduziu a pena. Teve o direito a responder em liberdade.

Não tenho nenhum sentimento de vingança. Não pedi qualquer reparação monetária. Criei – sem ódio e com amor incondicional –, dois netos que herdei do filho morto no acidente. Cumpri a lei do meu País e não reclamo de nada. Apenas relato a tragédia que minha família viveu e luta para superar, para que esse tipo de violência não se repita.

Agora, com imensa decepção, observo o atual governo mudar, para ainda pior, a legislação de trânsito no País. E as consequências disso já mostram resultados negativos, como a morte desse rapaz atropelado pela moto de um irresponsável que, embora identificado pouco tempo antes, seguiu legalmente protegido, portanto, a "arma sem licença".

É preciso entender que certos acontecimentos não devem ser aceitos como "acidentes". São crimes de morte, diante da irresponsabilidade de quem os comete.

Só quem passa por isso tem ideia do que seja a dor de contrariar a lei da natureza, ao enterrar um filho e uma neta que teriam uma vida toda pela frente. Vítimas da irresponsabilidade de alguns, protegida pela lei de todos.

É preciso investimento em Educação, rigor na legislação e eficiência no seu cumprimento. Liberdade com responsabilidade. Ou seguiremos perdendo vidas no trânsito, como perdemos nas tristes estatísticas de outras violências contra o direito de viver em paz neste País.

FERRAMENTA OU ARMA?

Desde o fim da ditadura militar, iniciada após o golpe de 1964, foi apenas em meados da década de 1980 que, entre tapas e beijos, começamos a praticar a liberdade, o estado de direito, a democracia. Tivemos oito eleições presidenciais, dois *impeachments*, vários escândalos com dólares na cueca, em sacos e em maletas. Nem sempre os culpados eram culpados, muitas vezes os culpados escaparam e, por fim, tivemos os muito culpados e os pouco culpados. Mas chegamos aqui.

No aspecto tecnológico, criamos um dos mais perfeitos sistemas eleitorais do planeta. Votamos e, no mesmo dia, os mais de 156 milhões de eleitores sabem quem foram os eleitos. Em 26 anos de urnas eletrônicas não houve nenhuma fraude confirmada, apenas "nhe-nhe-nhem" de perdedores e sem nenhum fundamento.

Quanto ao aspecto legal, ao contrário, muito pouco se avançou. Os ocupantes dos cargos do executivo (prefeito, governador e presidente) e do legislativo (vereador, deputado estadual, deputado federal e senador) são escolhidos pelas atuais regras. Muito se debateu sobre transformações, mas não se chegou a resultado algum.

Os que estão hoje atuando nesses cargos não gostam de mudanças, são acomodados e buscam estar seguros nas regras que já conhecem. E o mais grave, tramitam na Câmara Federal e no Senado vários projetos de lei mal-intencionados e visando piorar nossa legislação eleitoral.

As dificuldades no aperfeiçoamento não estão só no legislativo e no executivo. O Supremo Tribunal Federal (STF), em 2006, considerou in-constitucional, por unanimidade, a lei que criava a cláusula de barreira, medida para estruturar de modo responsável os partidos políticos e a sua atuação. Também não avança qualquer proposta que pretenda acabar com a farra dos oportunistas, que, trocando de partido, não respeitam programas, ideologias e, pior, o voto do eleitor.

De todo modo, no balanço final, o Brasil avançou. Entretanto, nossa frágil democracia sempre está sob ameaças. O obscurantismo, as ditaduras modernas, as tentativas de golpes dentro da Constituição estão "atentas e operantes". Exemplos disso são o movimento pela volta do voto impresso e as defesas de golpe feitas por grupos radicais.

Em tempo de campanhas eleitorais, vale lembrar o passado. Não precisamos de "salvadores da Pátria", nem de heróis. Muito menos de oportunistas. Chega! Já criamos muitos problemas votando, chegou a hora de, votando, resolvermos esses problemas.

Eis um pensamento bastante apropriado no Brasil que estamos vivendo. Como pretendeu o poeta e dramaturgo alemão Bertolt Brecht (1898-1956), que sirva para gerar reflexões e provocar atitudes:

> *Desconfie do mais trivial: na aparência singela. E examine, sobretudo, o que parece habitual. Suplicamos expressamente: não aceite o que é de hábito como coisa natural, pois em tempo de desordem organizada, de arbitrariedade consciente, de humanidade desumanizada, nada deve parecer natural, nada deve parecer impossível de mudar.*

Seu voto pode ser uma ferramenta para a construção de um tempo de paz e prosperidade. Entretanto, pode ser uma arma atirando contra todos nós... Quem decide é você.

ENTRE INDIGNOS E INDIGNADOS

Localizado na Calle Ituzaingó, 1447, na Ciudad Vieja (Cidade Velha), em Montevidéu, capital do Uruguai, o "Café Brasilero" é um dos mais tradicionais do país. Por ser um reduto de intelectuais e políticos, de gente que gosta de uma boa conversa e um café saboroso, o lugar, fundado em 1877 (há bem mais de um século), é um marco cultural uruguaio.

Esse emblemático ponto de encontro de gente interessante mantém a arquitetura original com decoração *art nouveau*, objetos de bronze, mesas e cadeiras italianas, ventiladores de teto, prateleiras de madeira trabalhada, espelhos, fotos de personalidades pelas paredes. Mas acima de tudo, o cardápio – que, por ironia, não tem nada de brasileiro – e o atendimento garantem o charme do café tombado como patrimônio arquitetônico do país vizinho.

O início do romance *El pozo*, de Juan Carlos Onetti, foi rascunhado pelo autor em uma mesa do "Café Brasilero". E muitas poesias, cenas românticas, tramas políticas também aconteceram naquele espaço. Escritores como Eduardo Galeano, Mario Benedetti, Gabriel García Márquez, Ernesto Sábato, Thiago de Mello (poeta brasileiro), Mario Vargas Llosa, Pablo Milanés (compositor e cantor cubano), Idea Vilariño, José Enrique Rodó e Carlos Gardel, o mais famoso cantor de tango de todos os tempos, também estiveram por ali. O político brasileiro Leonel Brizola foi um frequentador assíduo, quando nos anos de exílio.

Foi no "Brasilero" que tive a oportunidade de ficar frente a frente com o jornalista e escritor Eduardo Galeano, um apaixonado por política e futebol como eu, saboreando *medialuna* (espécie latino-americana de *croissant*) e o café que até hoje leva o seu nome (com doce de leite, *amaretto* e creme *chantilly*), ouvir algo do qual nunca mais me esqueci. E que vem a calhar nos tumultuados dias que vivemos na política brasileira.

Disse-me Galeano, com aquele seu olhar azul, mesclando força e suavidade: "Aprendi há muitos anos que a vida consiste em escolher entre indignos e indignados. Eu estou sempre com os indignados". Opção correta, tanto quanto a do "café Galeano" com *medialuna*, para qualquer dia ou noite da eternidade.

Você constatará fatos cometidos pelos indignos que o deixarão indignado. Não se aborreça, aumente sua consciência da realidade e se planeje para mudar esse estado de coisas – de modo pacífico e responsável – nas próximas eleições.

MAURÍCIO DE NASSAU

Em fevereiro de 1630, diante da fragilidade defensiva da região de Pernambuco, capitania então muito rica e pouco protegida, uma esquadra com cerca de 70 navios holandeses desembarca alguns milhares de homens na Praia do Pau Amarelo. É conquistada a bucólica Olinda.

Cinco anos mais tarde, as forças holandesas em Pernambuco já somavam mais de 6 mil homens, bem armados. Assim, sem os reforços esperados, a resistência comandada pelo militar português Matias de

Albuquerque a partir do Arraial de Bom Jesus bate em retirada, facilitando a vida dos invasores.

Albuquerque é acusado de incompetência por ter perdido o controle do território pernambucano, volta a Portugal e é processado, condenado e preso no Castelo de São Jorge, em Lisboa. Em 1640, com a revolução que levou D. João IV ao trono e consagrou a soberania portuguesa, Matias foi solto, recebeu honras militares e o título de Conde de Alegrete.

Voltando à conquista do território pernambucano, era necessária a presença de uma figura que centralizasse as funções políticas e militares da "Nova Holanda". Desse modo, foi nomeado administrador-geral do Brasil Holandês o conde João Maurício de Nassau, que chega em 1637, acompanhado por inúmeros profissionais liberais: médicos, arquitetos, cientistas, engenheiros, escribas, contabilistas e artistas.

Nassau é um personagem muito interessante. Filho de família nobre, educado e culto, estava construindo um belo castelo em Haia. No entanto, a família sofreu um revés financeiro. Sem recursos, com a obra de sua sonhada residência interrompida, Nassau foi cooptado pela oportunidade de trabalho no Brasil – uma oferta financeira muito boa, além de oportuna, feita pela Companhia Holandesa das Índias Ocidentais.

Pernambuco, após a invasão, não conseguia apaziguar os ânimos de sua diversa população. Nassau, inteligente e hábil negociador, equilibra a sociedade, planeja, cria, desenvolve estratégias e realiza obras importantes. A produção açucareira cresce, gera riquezas e impostos. Com recursos e sob clima harmônico, Recife é urbanizada e torna-se maior do que Olinda.

Depois que Portugal conseguiu sua independência em relação à Espanha, é assinado em 1640 um armistício de 10 anos entre aquele país e a Holanda. Assim, os holandeses garantem sua dominação em terras brasileiras, incluindo Maranhão, Rio Grande do Norte, Paraíba, Ceará e Bahia, e de quebra a bacia do rio São Francisco. Um personagem bem diferente de Nassau, mas que se tornou tão interessante quanto ele, é Domingos Fernandes Calabar. Sua origem, vida e morte são cercadas de controvérsias.

Calabar teria sido um mulato que, com recursos ilícitos de contrabando, tornou-se senhor de engenho e latifundiário. Ou um mameluco que, tendo estudado com os padres jesuítas, enriqueceu com fruto de seu trabalho honesto na agricultura. Nos dois casos, alguém que havia servido aos portugueses e aos holandeses, em épocas distintas. Um traidor? Não se sabe. Há controvérsias, porque, como não era nem português nem holandês, mas sim brasileiro, optou por ficar ao lado do desenvolvimentista Nassau, que beneficiava o povo. Em 1635 foi morto pelos portugueses, e homenageado pelos holandeses. Chico Buarque e Ruy Guerra, em 1973, com a peça teatral *Calabar: o elogio da traição*, debatem o tema contestando os livros didáticos mais convencionais.

Com o que já havia poupado no Brasil, em 1643 Maurício de Nassau retorna à Europa. Há registros de que a demissão do competente gestor holandês gerou absoluta tristeza na população pernambucana, em todos os níveis. Nassau era um governante amado e, na sua despedida, formou-se um corredor de admiradores com presentes nas mãos, pelo qual ele passou cumprimentando, uma por uma, cada pessoa do palácio até o cais. Então, embarcou no navio que o levou à terra natal. Há quem garanta que lhe foi oferecido, pela comunidade mais próspera da capitania, o dobro do que ganhava para ficar no Brasil.

Em Haia, Nassau terminou seu castelo onde, hoje, está um dos melhores museus da Europa. Um acervo pequeno, mas valioso: Mauritshuis (Casa de Maurício). Quem gosta de boa pintura encontrará, entre várias outras, a obra-prima *Moça com brinco de pérola*, de Vermeer; além de quadros de Rubens, Steen, Rembrandt e outros. Há alguns anos, quando estive lá, chamaram-me atenção paisagens do Brasil feitas pelo artista viajante Frans Post.

Pouco tempo depois, a situação pacífica com os senhores de engenho pernambucanos começa a ruir. Eles não conseguem pagar as dívidas contraídas junto aos holandeses, culminando na Insurreição Pernambucana de 1645. A partir dela, e com o auxílio militar de portugueses e ingleses, os luso-brasileiros expulsam os holandeses do Brasil em 1654. Há quem diga que foi bom, há quem ache que foi ruim, reacendendo a discussão sobre o anti-herói Calabar, parceiro de Nassau.

PARA NÃO ACONTECER DE NOVO

Há quase cem anos, em 5 de março de 1933, na Alemanha, o Partido Nazista, liderado por Adolf Hitler, recebia 43,9% dos votos nas eleições do *Reichstag* (como era, à época, chamado o parlamento). Com isso, semanas depois, a maioria nazista aprovaria a Lei de Concessão de Plenos Poderes e, na sequência dessa exceção, o "*Führer*" implantaria um dos mais cruéis movimentos políticos da História. Havia sido envenenada a democracia. Curioso saber que *Reichstag* remete a "imperial". E, hoje, o parlamento alemão chama-se *Bundestag*; é "federal" e, portanto, de todos.

Com os comunistas e os socialistas retirados de cena, o líder do *Sozialdemokratische Partei Deutschlands* (SPD), o Partido Social-Democrata Alemão, Otto Wels, foi o único político que discursou contra a Lei de Plenos Poderes de Hitler quando debatida em 23 de março de 1933. O documento permitiu – legalmente – a ditadura de Hitler, fazendo com que os nazistas congelassem o parlamento por um período de quatro anos (renovado até o fim da guerra). Wels exilou-se em junho de 1933, e morreu na França em 1939.

No dia da votação dos plenos poderes de Adolf Hitler, o corajoso representante do SPD, Otto Wels – um desses legítimos heróis anônimos esquecidos pelos livros de História –, disse em seu discurso:

[...] Depois da repressão vivida nos últimos dias, ninguém pode exigir que o Partido Social-Democrata Alemão vote a favor deste ato. As eleições de 5 de março deram ao novo governo os meios para garantir que o espírito da Constituição seja rigorosamente respeitado. Porque esta possibilidade existe, é necessário aplicá-la. Os debates e as críticas são também necessários. Em nenhum momento, na história do Estado alemão, o controle dos assuntos públicos foi tão prejudicado pelos representantes do povo chegando ao ponto em que nos encontramos agora: oferecer plenos poderes. Um governo tão onipotente enfrentará as piores dificuldades, e desnecessário é dizer que a liberdade pública será esmagada.

O que está acontecendo hoje na Alemanha é descrito de um modo muito sombrio no Exterior. Como sempre neste tipo de situação, não há necessidade de hipérboles. Em nome do meu partido, declaro que não pedimos ajuda a Paris, nem colocamos milhões de marcos em Praga ou espalhamos mentiras no estrangeiro. Podemos refutar tais acusações se não formos impedidos... Precisamos restaurar a segurança jurídica, e a mesma para todos! [...]

Se estes cavalheiros do partido nazista quisessem impor leis sociais, em momento algum precisariam de plenos poderes, sendo suficiente a sua esmagadora maioria neste parlamento. E, no entanto, querem fazer o Estado desaparecer em favor da sua revolução. Destruir o que existe não é revolucionário. As pessoas estão à espera de resultados. Elas querem medidas radicais contra a terrível miséria econômica que domina não só a Alemanha, mas todo o mundo.

Nós, sociais-democratas, assumimos a corresponsabilidade do governo nos dias mais cinzentos e nos atiraram pedras por isso. O nosso histórico para a reconstrução do Estado e da sua economia, bem como para a libertação das regiões ocupadas em torno do Reno, ficará na história. Criamos a igualdade de direitos e os direitos sociais laborais. Criamos uma Alemanha onde não só o príncipe e os barões, mas também os trabalhadores comuns, podem participar na gestão do Estado.

A revolução deles os levará a abandonar o próprio líder. É inútil tentar virar a roda da história de cabeça para baixo.

Nós, os sociais-democratas, sabemos que não podemos derrubá-los por meios jurídicos e legais. Vemos o seu golpe de força e sua presença maciça aqui. Mas a consciência jurídica do povo é um poder político, e nunca deixaremos de lembrar isso.

A constituição da República de Weimar não é socialista. Mas estamos em conformidade com os princípios do Estado de direito, da igualdade de direitos e do direito social. Nós, sociais-democratas alemães, neste momento tristemente histórico, professamos as ideias de humanidade e justiça, liberdade e respeito social. Nenhuma lei sobre extraordinários poderes lhes dará poder sobre tais ideias, eternas e indestrutíveis.

Hoje, estamos, portanto, indefesos, mas não sem honra.

O passado é referência para o presente e um indispensável cuidado para a construção do futuro. Há fatos que devemos saber e não permitir que sejam esquecidos, para que não voltem a acontecer. Corremos riscos o tempo todo, estamos vendo a criação de um estado de calamidade, de uma falência múltipla dos órgãos públicos, que é ambiente propício para criar estados de exceção em nossa frágil democracia.

Na letra da canção "Divino maravilhoso", de Gilberto Gil e Caetano Veloso, lançada em 1968/1969, os versos alertam:

É preciso estar atento e forte, não temos tempo de temer a morte. [...] Atenção, precisa ter olhos firmes para este sol, para esta escuridão. Atenção tudo é perigoso, tudo é divino maravilhoso. [...] Atenção para as janelas no alto, atenção ao pisar o asfalto, o mangue. Atenção para o sangue sobre o chão.

Nunca se esqueça de que há reais forças ocultas que tramam nas sombras contra o iluminismo que defende a liberdade e a democracia. É preciso estar sempre atento... E forte.

PARMÊNIDES
E AS *FAKE NEWS*

Você sabe quem foi Parmênides de Eleia? Não? Foi quem pela primeira vez formulou o chamado "princípio de identidade e de não contradição". E daí, o que isso importa? Já sei, ele faz aniversário hoje – pensará você acostumado com os textos sobre a comemoração de cada dia. Não.

O grego Parmênides, fã dos jogos olímpicos, é conhecido como o precursor da lógica formal. Na Grécia antiga, e antes disso na China e na Índia, lá pelo século V a.C., havia uma acentuada tendência pelas teorias racionais abstratas num cenário rico em correntes filosóficas. Era preciso, portanto, colocar ordem nessa balbúrdia do pensamento.

Era necessário estabelecer parâmetros para a veracidade do que se dizia. Como nos dias de hoje, no qual dominam as *fake news*, muitos exageros e mentiras eram cometidos naquela época. Na busca da verdade, a lógica passou a determinar o que é falso e o que não é. A formalidade da lógica se aplica unicamente a conceitos, juízos e raciocínios.

Aristóteles sistematizou a lógica. Sócrates definiu a essência lógica das coisas. Platão criou os princípios éticos – uma coisa lógica, além de indispensável. Pedro Hispano, o Papa João XXI, dissertou sobre a "nova lógica", algo mais liberal ainda na Idade Média.

Durante o Renascimento, Ramus mostrou a lógica como a "arte de discutir". Descartes, por sua vez, inovou a filosofia com o emprego da lógica. Leibniz, já no século XVII, propôs a "lógica moderna". Por fim, um entusiasmado Russel defendeu com o "logicismo" que a Matemática era a continuação da lógica, afinal dois mais dois são quatro.

Assim, a lógica surgiu, cresceu e se consolidou como ciência de importância universal. Algo que determina a verdade contra a mentira. E, pela lógica, não podem existir meias verdades ou meias mentiras. Como prova disso, revelo um episódio da vida cotidiana que demonstra a importância da lógica e o porquê tanta gente estudiosa, ao longo dos tempos, não desiste de ocupar-se dela.

Um cidadão exemplar, acompanhado de sua amantíssima esposa, sai para pescar numa bela região lacustre. Tão encantado com a bucólica paisagem e a possibilidade da prática de seu esporte favorito, esquece um pequeno grande detalhe: está proibida a pesca naquela época, naquele lugar. Por instantes, o incauto pescador decide refrescar-se nas límpidas águas e se afasta da embarcação. Sua esposa, recostada e absorta, lê um livro.

Aproxima-se um barco da Polícia. O militar bem-educado cumprimenta a mulher e indaga: "Desculpe-me, mas o que a senhora está fazendo aqui?". A resposta é direta: "Estou lendo". Olhando o barco, constatando o equipamento de pesca, o policial insiste: "A senhora não estaria pescando?", E, mais uma vez, a senhora ratifica: "Lendo, estou lendo".

Inconformado, premido pelo pensamento lógico, o zeloso responsável pela ordem pública anuncia: "A senhora tem todos os equipamentos, portanto vou apreender tudo e multá-la". Sem perder a calma, igualmente baseada na lógica, a mulher retruca: "Caso o senhor faça isso, vou processá-lo por estupro". O policial, surpreso pela ameaça, defende-se: "Eu nem toquei na senhora!". A mulher resmunga: "Mas tem todo o equipamento...".

Em tempos tão bicudos na política do País, observamos indignados que alguns corruptos, ao serem interrogados, com uma segurança invejável explicam o inexplicável. Os produtores de *fake news* idem. Então, vale refletir sobre uma possibilidade que passou despercebida aos filósofos: a lógica é a ciência concreta mais abstrata que existe.

PAZ, ÁRVORE
E PESSOAS COM DEFICIÊNCIA

O dia 21 de setembro comemora temas que se entrelaçam. É o Dia Internacional da Paz. No Brasil é, também, o Dia Nacional de Luta das Pessoas com Deficiência e o Dia da Árvore. Entretanto, como sempre faço questão de lembrar: todo dia é dia de tudo. Essas datas são para, pelo menos uma vez por ano, motivar reflexões sobre como estamos tratando cada tema.

Quando entrevistei a mato-grossense Jolinda Garcia dos Santos Clemente, fundadora da Associação de Pais e Amigos dos Excepcionais de São Paulo (Apae-SP) – depois das Santas Casas uma das instituições pioneiras no Terceiro Setor brasileiro –, ouvi um relato emocionante do que significa ter uma pessoa especial na família. Jô Clemente, como se tornou conhecida, contou-me que, depois de nove meses de gravidez sonhando ter uma criança saudável, bonita e inteligente – como espera qualquer mãe –, deu à luz José Fábio. O bebê era, no seu entender, tudo o que ela havia sonhado. Contudo, algum tempo depois, o pediatra disse-lhe que o menino tinha um distúrbio genético denominado Síndrome de Down. Ao insistir para saber como poderia "tratar a doença", ouviu que o filho era "deficiente mental", e sem cura.

Corajosa, depois de perceber o preconceito geral para com o seu amado Zequinha, em 1961 Jô e mais quatro famílias com filhos portadores de Down que também não conseguiam escola que aceitasse suas crianças, fundou a Apae-SP, hoje Instituto Jô Clemente. Ela nem imaginava que, depois de muitas batalhas e conquistas, 21 de setembro seria escolhido como Dia Nacional de Luta das Pessoas com Deficiência. E sabe a razão? Véspera da Primavera – estação conhecida pelo aparecimento das flores nas árvores.

Esse fenômeno da natureza representaria o nascimento e a constante renovação da luta das pessoas com "impedimento de longo prazo de natureza física, mental, intelectual ou sensorial, o qual, em interação com uma ou mais barreiras, pode obstruir sua participação plena e efetiva na sociedade em igualdade de condições com as demais pessoas", como está na Lei Brasileira de Inclusão da Pessoa com Deficiência (Estatuto da Pessoa com Deficiência), de n. 13.146, de julho de 2015. A regulamentação foi uma grande conquista, um marco na busca por direitos das pessoas especiais. Desde então, passou a ser crime praticar, induzir ou incitar discriminação e/ou abandonar pessoas com deficiência em hospitais, casas de saúde, abrigos etc. Assim, a data anualmente comemorada surgiu como forma de lembrar a integralização dessas pessoas na sociedade de maneira igualitária e sem preconceitos.

As árvores nascem e têm raízes fixas, crescem a partir de um tronco firme do qual saem galhos com folhas e muitas dão frutos. A árvore simboliza o centro do mundo, bem como a ligação entre a terra e o céu. Na Bíblia, por diversas vezes, a árvore é uma metáfora que se refere às pessoas. A parábola de Jotão de Judá fala sobre quatro árvores que foram convidadas para reinar sobre a floresta. Leva-nos a pensar sobre as escolhas e as oportunidades perdidas. A árvore também significa o desenvolvimento e a fertilidade. No Brasil, a castanheira representa o Norte; a carnaúba o Nordeste; o ipê-amarelo o Centro-Oeste; o pau-brasil o Sudeste; e a araucária o Sul.

Quando vim para São Paulo, há cerca de 40 anos, sabia que a pauliceia – muito mais do que desvairada, como havia lido em Mário de Andrade –, era uma "selva de pedra". Fui viver no bairro da Saúde, onde fica a Praça da Árvore. Na imaginação do jovem carioca, seria um lugar que ao centro teria uma frondosa árvore. Ledo engano. O que havia era uma estranha edificação de cimento, um respiradouro do Metrô. Nada de árvore. Por isso mesmo, o Dia da Árvore existe para que a luta por ela, a floresta e o meio ambiente, seja eterna.

Por fim, a comemoração do Dia Internacional da Paz tem como objetivo despertar a consciência para o respeito ao próximo e à natureza, para a necessidade de mitigar conflitos entre os povos. A paz está no coração e na mente de cada um de nós, e o ódio também. As guerras nascem das pessoas. Esse dia consagrado à paz no planeta exige reflexão. O que temos feito pela nossa paz interior, familiar, empresarial, cívica? Bob Marley, compositor e cantor jamaicano que em suas letras sempre defendeu a igualdade, o meio ambiente e a paz mundial, perguntou com propriedade: "Se todos derem as mãos, quem sacará as armas?".

Respeitar pessoas especiais, proteger a natureza e difundir a paz é olhar o mundo com esperança e ter a feliz certeza de que nem tudo está perdido. Coragem!

A SEITA
QUE NÃO ACEITA

A deusa Maat, responsável pelo equilíbrio cósmico no Antigo e Médio Egito há mais de 2 500 anos a.C., determinava o que era certo e errado. Punia "injustos" para impedir o caos. Crenças existem desde sempre. Não por estar no gene humano, como já foi defendido e contestado, e sim porque o compartilhamento de angústias e a busca da salvação são necessidades humanas.

Em 18 novembro de 1978, na Guiana, adultos e crianças tomaram o refresco *Flavor Aid* com cianeto. Morreram 909 pessoas da seita *Templo do Povo*, do líder Jim Jones. Poucos sobreviveram para relatar a tragédia. Um estudo da Universidade Harvard, nos Estados Unidos, em meados de 2010, apontou que as pessoas intuitivas têm mais fé do que as reflexivas.

No início de 1996, a Assembleia Nacional da França divulgou relatório sobre a atuação de seitas e já alertava para o perigo de conturbação social, embasado em ideologias radicais e crenças religiosas. No mesmo ano, o parlamento da Alemanha criou uma comissão incumbida dos temas seitas e grupos psíquicos. Na Bélgica, em 1997, um estudo apontou riscos de graves problemas políticos. Na mesma época, a Duma Federal da Rússia aprovou lei que limitava a atuação de seitas. Por fim, o próprio Parlamento Europeu interessou-se pelo tema porque "envolve posições irracionais e perigosas".

Uma coisa é a fé nos princípios de uma religião, outra coisa é a crença irresponsável em ideologias que não têm fundamentos na realidade, que pregam e defendem conceitos vazios contrariando leis vigentes, tumultuando o processo democrático e ameaçando a segurança da sociedade. As eleições de 2022 foram as mais importantes de nossa República. Fascistas que saíram do armário sob a luz da extrema-direita, explicitada ao lado dos oportunistas de sempre, foram derrotados pela primeira Frente Ampla que deu certo no Brasil.

Houve, também, um contingente de ludibriados por brutal campanha de *fake news*, somada às "bondades" de última hora, que custaram caro aos cofres do país, que precisa merecer a verdade dos fatos. Geraldo Alckmin e Simone Tebet deram importante contribuição à mudança. O Nordeste mostrou personalidade participando ativamente e exigindo respeito. As cortes de Justiça, sobretudo STF e STE, foram determinantes no cumprimento das leis, mesmo diante de forte campanha contra o sistema de urnas eletrônicas.

O resultado das eleições foi uma conquista do povo. Venceram os negros, os indígenas, as mulheres, os integrantes do LGBTQIA+, os artistas, os intelectuais, os professores, os estudantes, os cientistas, os portadores de necessidades especiais e, principalmente, as famílias dos mortos pela covid-19. Gente que não é vingativa, apenas tragicamente marcada pelo negacionismo, pela falta de respeito à vida.

É importante entender que não acabaram a grosseria, a discriminação, o racismo, o deboche, a autocracia, o desmando, a corrupção, o uso do nome de Deus em vão, o perigo de retrocesso, as mentiras, o desrespeito. Essas práticas apenas deixaram o poder máximo do país, seguem vivas na seita que não aceita o resultado das eleições. É preciso estar atento, impedir que esse tipo de movimento nos tire a paz, agrida a ordem e ameace a democracia.

Liberdade de expressão exige responsabilidade de expressão.

O autor

Ricardo Viveiros é jornalista e escritor, com passagem por importantes jornais, revistas, emissoras de rádio e TV. Foi repórter, editor, diretor de redação, âncora, comentarista político e econômico, articulista e correspondente internacional, tendo participado de guerras civis em coberturas jornalísticas. Viveiros já esteve em 114 países.

É autor de mais de 50 livros em diferentes gêneros (poesia, história, artes, biografias, infantojuvenis, reportagem), além de prefaciar inúmeros outros. Lecionou por 25 anos em cursos superiores de graduação e MBA em Comunicação e foi patrono de formatura de centenas de universitários. Profere palestras no Brasil e no exterior. Tem vários prêmios nacionais e internacionais.

Recebeu a medalha da Organização das Nações Unidas (ONU) por um conjunto de matérias sobre "Direitos Humanos", no Ano Internacional da Paz (1986). Participou como convidado, nesse mesmo ano, da Conferência Mundial de Mídia, em Nova Deli, Índia.

Carioca de nascimento, vive e trabalha em São Paulo, capital, há mais de 40 anos. Recebeu da Câmara Municipal da cidade o título de "Cidadão Paulistano", em 2006.

Em 2015, comemorou 50 anos de Jornalismo, tendo recebido distintas homenagens: Instituto Histórico e Geográfico de São Paulo (IHGSP) – Governo do Estado de São Paulo; Universidade Federal do Rio de Janeiro – Unesco – Ibracom; Câmara dos Deputados (Brasília, DF) e Universidade Presbiteriana Mackenzie, da qual recebeu o título de "Notório Saber", em nível de doutorado *stricto sensu*, conforme o disposto no artigo 66 da Lei de Diretrizes e Bases da Educação Nacional.

Recebeu, em 2022, o prêmio Aberje (Associação Brasileira de Comunicação Empresarial) na categoria "Trajetória". Fator determinante, segundo os organizadores, foi sua atuação à frente da RV&A num período muito complexo do Brasil e do mundo, e isso tanto no posicionamento das empresas, entidades e ONGs às quais presta serviços como, também, no atendimento às demandas da imprensa com fontes abalizadas e informações relevantes. Também pesaram os artigos publicados em jornais do Brasil e do Exterior, com foco principal em política e economia. Seus textos sempre se caracterizam pela defesa da democracia, do estado de direito e da segurança jurídica – valores sem os quais não existe liberdade de mercado.

É membro do Sindicato dos Jornalistas Profissionais no Estado de São Paulo, da Federação Nacional dos Jornalistas Profissionais (Brasília, DF) e da Federação Internacional dos Jornalistas (Bruxelas, Bélgica). É membro eleito da Associação Brasileira de Críticos de Arte (ABCA), na qual foi secretário-geral (2019-2021). Integra a Associação Brasileira de Imprensa (ABI), na qual foi conselheiro (2018-2021). É membro da União Brasileira de Escritores (UBE) e foi seu conselheiro (2020-2022). É também conselheiro da Associação Brasileira de Comunicação Empresarial (Aberje), membro do Instituto Histórico e Geográfico de São Paulo (IHGSP) e da *International Association of Art Critics (AICA)*, em Paris, França. Foi eleito em 2022 para a cadeira nº 20 da Academia Paulista de Educação (APE).

GRÁFICA PAYM
Tel. [11] 4392-3344
paym@graficapaym.com.br